郷愁

HOME, SICK

わたし、来週家族とイギリスへ引っ越すんだ[1]
マギーもカーヤンもフローラも移民だって[2]
オレの担任もそう。きょう辞めてった[3]

門小雷　Little Thunder

＊英語と広東語の原文は次ページ
＊p294、文庫版あとがき参照

（扉の絵の場所は）ヴィクトリア・ハーバーのそばにある「香港時計塔」で、１９１５年に建てられた最も歴史的な建物の一つです。

私が小さかった80年代には、いつもここで家族と一緒に休日を過ごしました。

時計塔はカップルに人気のデートスポットで、待ち合わせのためのランドマークでした。若者が音楽を演奏したり、ダンスをしたりもしていました。

旧暦の新年になると、誰もが花火を見にこの場所に集まります。

香港が中国に返還された後、ハーバー周辺は大きく変わり、楽しい場所ではなくなってしまいましたが、今でも香港人の思い出が詰まっています。

門小雷

英語・広東語原文

1 Me and my family are moving to Britain next week.
我全家下個禮拜移民去英國喇。

2 Maggie. Kayan and Flora. They all decided to immigrate.
美琪、家欣同花花都要移民喇。

3 My class teacher too. She just resigned today.
我班主任都係、今日辭咗職。

4 Actually we are going to immigrate too.
其實、我哋都要移民。

5 What !? For real ?
真、真㗎!?

6 Where do we go !?
去邊?

7 Nope. I'm kidding.
梗係假啦。

8 You really think we are rich enough ?
我哋邊有錢呢?

河出文庫

香港世界

山口文憲

河出書房新社

もくじ

香港世界

ブラームスの夜

静かな旧正月が明けて、街にいつもの喧噪がかえってくる二月の初旬。香港はこの時期が一年のうちで最も寒い。この季節の香港へ来て、夜の街を歩くたびに、私は香港島中環《セントラル》の酒場で会った、イギリス人の赤毛のピアノ弾きのことを思い出す。

一九七八年の二月のその夜、私が連れの陳方正と高層ビルの地下にあるブリティッシュ・スタイルのパブのドアを押したのは、もう十一時近くだった。店がかんばんになる真夜中までには、まだ少し間がある。それまではここにいて、そしてかんばんになったら、すぐそばにある天星碼頭《スター・フェリー・ピア》までブラブラ歩いて、フェリーで九龍のわが家へ帰る。そんなつもりで、私たちは片隅のボックス・シートをとり、ぶ厚い木のテーブルをはさんで相対した。

店の内部はガレー船の船倉を模した凝った造りで、わん曲した太い木の龍骨が低い天井を支えている。長方形をしたフロアの短辺にそってカウンターがあり、マストに見たてた太い円柱の奥にはボックス・シートが並んでいた。私には、そこは初めて足を踏み入れる空間だが、海運会社に勤める陳は、イギリス人のボスといっしょにすでに何度か来たことがあると、少し自慢げにいった。

ここの常連はおもにイギリス人やオーストラリア人、またはアメリカ人で、中国人の客はあっても多くはない。このパブで中国人に振られた役回りは、もっぱらバーテンダーとウェイターである。その点で、ここはいかにも植民地風の酒場だが、しかし、「鬼佬《ガイジン》」の客たちの態度は、とくに横柄でもなければ尊大でもない。その肌の色のおかげで、いちおう植民地社会の上層に仮り住まいをしているとはいえ、彼らのしゃべり方や物腰は、かくしようもないミドルクラスのそれだ。

私たちがそこへ入ってきたとき、店内にはそういう客ばかりが四組か五組はいた。しかし彼らの大半は、それから十分かそこいらのうちに次々とひきあげてゆき、急に静かになった船倉のなかには、私の組ともうひと組だけが居残った。龍骨のあいだのボックス・シートにいるのが私たち。そしてカウンターには、三年契約でジャーディン・マセソン[*1]の系列会社かなにかに呼び寄せられたという風な、ひょろりとした中年のイギリス人がふたりいて、高いスツールの上でビジネス・スーツの背を丸めていた。

一段低いフロアにある私の席からは、彼らの大きな靴底が、ちょうど目の高さに見える。黒のウイング・チップをはいたほうの男のかかとには、二か所に鉄のびょうが打ちつけてあった。また、もうひとりの男の茶色の靴は、左右が不ぞろいにすり減っていた。私は、この男たちが、息を切らせて朝のロンドンの地下鉄《チューブ》の階段をかけ上ってゆくさまを、ふと思いうかべたりした。

カウンターのなかには、チェックのベストを着て、ゆるすぎるカラーにボウタイをつけた老バーテンダーがいて、客の相手をするでもなくひとりぽつねんとしていた。この中国人は、決して自分のほうから口をきくということをしない。客から酒の注文があると、それをそっくりそのまま広東訛りの強い英語で復唱して、すぐまた口をへの字に結んだ。そして、くだんのピアノ弾きは私が背を向けた船倉のいちばん奥にいて、マホガニー色の、たぶんヤマハのアップライトピアノに向っていた。

私たちが入ってきた時に聞こえていたのはバート・バカラックだった。それからビートルズ・ナンバーがしばらく続き、レパートリーがつきると、こんどは古いスタンダード・ナンバーがはじまった。それも思いきりスローな曲ばかりで、とにかくそれでかんばんまでの時間がもてばいいという、気のない演奏である。弾き手には、それを誰かに聴かせようという熱意が欠如していたし、また、この時間の客には、ピアノに耳を傾けるだけの元気がなかった。じきに、ピアノの音は私の耳からすべり落ち、やがて、背後にいるピアノ弾きの存在も私の意識から消えた。

それからかんばんまでのあいだに、私と陳は、それぞれ二杯ずつ威士忌水《ミズワリ》を飲んだ。

私たちは、ここへ来るまえに皇后大道《クイーンズ・ロード》中の皇后戯院で観た、おそろしく下らない邵氏《ショウ・ブラザーズ》の新作をこきおろした。それがすむと、陳は来年決行するはずの脱サラ独立計画について語りはじめ、私はその少しも面白くない話を、さも興味ありげに聞いた。そのままましゃべらせておいたら、この香港青年は、次の朝まで金儲けの話をつづけたかもしれない。うわの空で相づちを打つ私のうしろで「アラバマに星降りて」が「アイム・インナ・ムード・フォー・ラブ」になり、それがまたほかの曲になった。

ようやく陳の話がひとくぎりついたのは、十二時近くだった。あたりを見まわすと、カウンターのイギリス人ふたり組の姿はすでになく、バーテンダーは、前かけをつけて後かたづけを始めている。客は私たちだけになっていた。そろそろかんばんの時刻らしい。私は、これさいわいとボーイを呼んで勘定をすませ、まだしゃべり足りない陳をうながして立ちあがった。私の背後では、まだピアノが鳴りつづけている。そして、そのくずしにくずしたムードピアノ風のさぐり弾きのなかに浮かび上がっては消える短いフレーズが、耳たぶにひっかかってきたのは、ちょうどそのときである。

私は、立ち止り、うしろを振り返って、誰もいないガレー船の奥の薄暗がりのなかのピアノとピアノ弾きを、はじめてまじまじと見た。小さなピアノの向う側には、ラクダ色のコーデュロイの上着をきた赤毛の小男がいて、居眠りをする老人のように、上体をゆったりと前後にゆすっていた。年齢は、おそらく三十代の前半だろうか。キイの上の両手は、ピアノの陰になって見えないが、譜面台を照す小さなライトのなかに、いかにも善良そうな横顔が浮かんでいる。細すぎる首と秀でた額に、その男の特徴があった。私は耳をすましてさきほどからこのピアノ弾きがもてあそんでいるフレーズの出所を思い出そうとした。しかし、聞き覚えはたしかにあるのだが、記憶の糸口がさっぱりつかめない。つかめないまま、私は不愉快な気分におちいっていった。この旋律はいったいなんだったか。考えあぐねた末、それがポール・モーリアやカーペンターズではなくて、ヨハネス・ブラームスだということにハタと気がついたのは、それから一分もたってからだった。それも本来のピアノ曲ではない。このフレーズは、私の思いちがいでなければ、シンフォニーの四番の第四楽章の主題だったはずなのである。

この思いがけない発見に私は興奮し、この発見をものにした私に少しだけ満足した。二月の香港の深夜の酒場に、ひとり密かにブラームスとたわむれるピアノ弾きがいる――。およそドラマチックな体験や洒落た出会いとは無縁だった私の香港暮しに、ようやくひとつのささやかな、しかし美しいエピソードがつけ加えられようとしているのである。

このままピアノを背に聴きながら立ち去るべきか、それとも近づいて声をかけるべきか。感傷的な気分で水ぶくれを起した私のあたまが、両者の得失をはかりにかけている間に、私の足はすでにピアノ弾きのほうへ歩き出していた。

彼は、ピアノの横に立った私を認めると、酒場のピアノ弾きが客にする身振りで、ニッコリと笑ってみせた。そのあいだも鍵盤のうえをすべりつづけている両手は、身体のわりには大きく、筋張って頑丈そうに見えた。

「それは、ブラームスだろう？」

私は唐突にそう切り出した。するとピアノ弾きは虚をつかれたようにこちらを見上げ、ゆっくりうなずきながらピアノを弾く手を止めた。私のほうに向けた彼の顔は見るまに紅潮し、ただでさえ内気そうな薄い茶色の日に、はにかんだ笑いが浮かんでいる。

「ジャパニーズか？」

こんどは私がうなずいた。ピアノ弾きはやや落着きをとりもどして、僕はロンドン生れの英国人《ブリティッシュ》だといい、立ち上って私に手をさしだした。

「ブラームスが好きなのか？」

然《しか》りである。とくにピアノの作品《ピース》が――。そう水を向けると、イギリス人はうれしそうにほほ笑んだ。

「たとえば？」

私はとっさの思いつきで、ト短調のラプソディーが好きだといい、それをいま聴きたいと目の前のピアニストに要求した。

「それはできない」と、彼は困惑した顔で答えた。だが、私はこの店の客である。もう十年も弾いていないからだめだとかぶりを振る赤毛の男に、私は客の権利を主張して結局それを認めさせた。

やがて、気弱なピアノ弾きはようやく観念してピアノに向き直り、やや改まった顔になった。しかし、鍵盤の上の両手はまだ躊躇している。赤味のさした十本の指は、最初の和音の位置をさがしあぐねて、しばらくキイをさまよった。

そして、一瞬の緊張のあと、彼はこの動きの速い曲を、いきなりインテンポでつんのめるように弾きはじめていた。だが、一度目は出だしの数小節でつかえ、二度目も左手のアルペジオが追いつかなくてすぐにつぶれた。さきほどまでの弾きようとはまったくちがって、肩にも腕にも力が入りすぎているのが、素人目にもわかった。私は、無理強いしたことを少し後悔した。これで彼が断念して、肩をすくめて笑ってみせたら、もうそれでいいことにしよう。そう思って、ピアノ弾きのほうをうかがうと、彼の横顔にもうはじめの照れ笑いはなかった。私は気圧《けお》されて、口まで出かかったことばをのみこんだ。

ピアノ弾きは、浅く椅子にかけ、背すじをしっかりと伸ばして、呼吸をととのえている。それから、ＯＫ牧場へ向うまえのドク・ホリディのように両手を揉みあわせ、ゆっくりそれをキイの上におろした。やがて、第一音が、すでにかんばんをすぎた酒場の薄暗がりのなかに鳴り響くと、彼の指は、静かに走りはじめて、まず最初のフレーズの急坂を無事に越え、次第に速度を加えた。いままでとはちがう。こんどはまちがいなく、ブラームスが構想した音の土台があるべき位置におかれ、骨格が姿を現わし、そしてト短調のラプソディーがしっかりと空中に立ち上った。まるで見えない楽譜がそこにあるかのように、正確な演奏である。

それから数分後、彼の大きな両手は最後の和音を重々しく押えて、ゆっくり鍵盤を離れた。ピアノ弾きの顔には、また柔和な表情がよみがえっていた。

「十年ぶりだ」

私のほうに向き直りながら、ピアニストはあらためてそういった。それから問わず語りに十年前はロンドンにいてピアノを勉強していたこと、籍はロイヤル・アカデミーにあったこと、しかし、途中で投げ出してしまったから行かなかったも同じだ、と、そんなことを、そっけない口調で私に語り始めた。

香港へは、三年前にひとりで来たのだという。だが、どうして香港まで来たかということについては、彼も話さなかったし私も訊かなかった。とにかくそれ以来、ずっと尖沙咀《ちむさあちよい》のアパートに住んでいて、夜はこうしてピアノを弾いている。変化はないが、けっこう楽しい毎日だという彼の述懐に私はひとつひとつうなずいた。しかし、イギリス人が九龍の尖沙咀に暮しているというのはめずらしい。

「ひとりでいるのか、それともスージー・ウォン[*2]とか？」そう訊くと、ピアノ弾きはニヤリと笑って、答えをはぐらかした。

その夜、このロンドンから流れてきたピアニストくずれは、こんなことはここへきてはじめてだなどといいながら、こんどは自分からピアノに向い、さらにシューマンとショパンを、ひとつずつ弾いた。

帰りのスター・フェリーのデッキで、陳方正は、私がクラシック・ミュージックを解するなんて、まったくおどろきだと、香港人らしい率直さでいった。この男は、英語もまずく、香港映画と香港の流行歌にしか興味をもたなかった彼の日本人の遊び友だちが、かかる高級人士であるとは夢にも思わなかったのである。私は、いささか気分を害して、西洋音楽の知識は日本のトラディショナルなインテレクチャルズのたしなみのひとつであること、そして、私自身、かつては熱心な音楽少年であったことなどを彼に説き聞かせた。しかし陳は、感心するどころか、もし私が音楽でメシを食っていれば、もう少し金回りがよくなっていたかもしれないなどと、遠慮のないことをいうのだった。

それからしばらくして私は香港を引きあげ、初夏の東京で、いよいよカンパニー・オーナーになるという陳からの通信を受けとった。そして、同じ手紙の追伸で、私は、あの赤毛のピアノ弾きが、もう中環のあの店にはいないということを知った。

＊1　由緒ある香港地場の英系企業グループ。

＊2　ハリウッド映画『スージー・ウォンの世界』（一九六〇）のヒロイン（ナンシー・クワン）で中国人のバーガール。香港へ流れてきた画家（ウィリアム・ホールデン）をとりこにする。

I 「慕情」の島

香港島／湾仔《わんちゃい》 合和中心《ホップウエル・センター》 午前10時10分

ボタンを押すと、ガラス張りのエレベーターは、三十〜四十階分の高さを一気に上昇して停った。卒塔婆のように地面から生え立った細長い《ペンシル》ビルディングの群れが、遠い灰色の針葉樹林になった。低い雨雲の下で、香港は光と音を失っている。足元に横たわるヴィクトリア港の水面はコンクリートを流したように固く冷やかだった。

新しい香港の名所、合和中心ビルは、東京池袋的陽光城大廈《サンシャインシティ・ビル》をわずかに抜いて、その高さで東洋一。湾仔の山肌にそうようにそびえる、白い円形のタワーである。[*1] 不順な天気がつづく春先には、最上階の旋回レストランがたれこめた雲にかくれた。

こんな日に、名物の展望エレベーターに乗りにくる客はない。私はひとりガラスのかごにこもって、ボタンを押しては上昇し、またボタンを押しては下降した。そのたびに香港は隆起し、そして音もなく沈んでいった。この都会の夜景は美しい。しかし、昼間のあいだじゅう、風景はいつも不安定につま先立っていた。

香港的

朝——といってもすでに昼ちかく。私はベッドから這い出て五階の窓のカーテンを引く。

南の太陽と輝くヴィクトリア港の水面。そのなかほどを、香港島と九龍を結ぶフェリーがシルエットになって、ひかりのなかをいつもと同じ角度で進んでゆく。午前の植民地《コロニー》。

いつものようにまず、コーヒー。香港の朝もまた、ネスカフェで始まることになる。私のゴールドブレンドはなぜかイギリス製で、これにアメリカからきたコーヒーメイトというものをいれる。買いおきのパンには、ニュージーランドから冷凍で輸入したバターとアップルジャムをつける。甘すぎないところが気にいっているこのジャムは、ラベルに〈中国・大連〉製造とあって、これも「外国製」である。してみるとパンと角砂糖だけがかろうじて地元製ということになるが、水はすでにちがう。

香港で消費する水の大部分は、パイプラインで中国本土からくるれっきとした輸入品で、蛇口をひねると出てくるのは広東省でとった珠江の水。ネスカフェは、むろん中国の水にもよく溶ける。

こうして世界じゅうのラベルのついたビンのふたをあけ、角砂糖をコーヒーにほうりこみながら、私はおもむろに『サウスチャイナ・モーニングポスト』かなんかの見出しに目を走らせる。そんな私の日に焼けた肩を、南シナ海の風がなでる。朝のコーヒーを銀のトレイにのせて運んでくる召使いのチャンがいないのは玉にきずだが、どうしてなかなか優雅な植民地暮し《コロニアル・ライフ》ではあるまいか。しかし日本の女性グラフ誌の取材申し込みはつつしんでお断りする。きっとご期待にそうような写真にはならないと思うからだ。

私の部屋からヴィクトリア港が見えるというのは、誓ってウソではないが、ただし映画『慕情』のように、香港島の中腹《ミッド・レベル》から眼下[*1]に一望というわけにはゆかない。ここは対岸の九龍半島の労働者街の一角。造船所の背後、びっしりと林立した高層ゲタばきアパートの谷間ごしに、たて長に切りとられた水面が、ちらっと見えるというのが本当である。

したがって、さきほど輝く水面をよぎっていったフェリーというのも、正確には、かなたのうす汚れたビルの四階あたりから、そのとなりのビルの窓一面にひるがえる

洪記
洋服

洗濯物にかけて通り過ぎてゆくのが見えた。たまたまほんの一瞬、船のかたちが見えたというべきだったのかもしれない。

申しわけないことだが、私の部屋からのながめは、あまり香港に似ていない。とくに、日本ででている美しいカラー写真満載の旅行雑誌の香港には、似ても似つかないのである。どこがちがうのかを端的にいうと、まるっきり西洋の臭いもしなければエキゾチックでもないというところである。しかし香港が香港に似ていないとしても、それは香港の責任ではない。

もともと香港は開港場であるから、世界の船が出入りもするし、いくらかは西洋的なところがあるかもしれない。しかし戸外の風景にかんする限り、公平にみて、こんにちの香港が神戸や横浜以上にエキゾチック（西洋っぽいことをさしてこのことばをつかうのはエイゴの誤用だが）だとは、私にはどうしても思えない。

ところが日本の雑誌には、香港の街をたんねんにうろつきまわったこの私が、見たこともない風景がのっている。たとえば、まるでロンドンみたいな背景に、またまるでサクラみたいな西洋人が、ぐあいよく写っていたりするのがそれだ。

じっさいのはなし、そういう写真の西洋人はサクラかもしれないという疑いを私はもっている。というのは、以前、旅行雑誌の下請け製作をしている知人が東京から取材にやってきたのだが、彼が依頼主から申しわたされてきた注文というのが、これだったからである。〈街のスナップおよびメインのカラー写真には、それとなくガイジンが写っていること〉。これには手伝った私もずいぶん往生させられた。

　この注文がいかに無理難題かというと、香港の人口五百万のうち、九八・五パーセント以上は中国人であって、残り一パーセントちょっとの外国人には、インド人もいればフィリピン系もいる。西洋人の、それもブロンド娘かなんかが、ここという街角にちょうどいい構図で歩いてくるなどということは、おいそれとあるものではない。ちなみにヨーロッパ向けの香港の観光写真には、夕日にジャンクに人力車の一点ばりではあるけれども、むろん西洋人などは写っていない。あちらのほうが、まだウソは少ないといえるだろう。

　十九世紀以来、直轄植民地として英国が統治してきた香港であるから、それを西洋の一部だといいくるめてもさほどひどいサギだとはいえないだろうが、少なくとも目に見えるかたちでの「西洋」はすでにここにはない。まして、〈良き時代の英国が残っているのは、もう香港だけだ〉などというわけ知り顔の解説は見当はずれである。

　ほんものの西洋通でもあった金子光晴は、南へ下る船が香港に寄港したときの印象を、きれいな芝生があったりして、なにやら英国風の、〈だから〉つまらなそうな街だと書いている。あの上海から流れてきた金子光晴がそう感じただろうことは、わかる気がする。しかしさいわいなことに、これは戦前のはなしなのである。

そして香港は戦後、一転おもしろそうな街になった。もっと正確にいえば、一九四九年の中華人民共和国の成立からこっち、もはや英国風のつまらない街であることをやめたのだ。

人民中国の成立が、中国人による戦後世界史上のどえらい事業だとすれば、奇妙な連動のなかで同時にもちあがった香港実質占領、中国人による植民地ジャックも、またひとつの途方もない事件だった。難民というかたちでとめどなく流入しつづけた中国人が、中国と英国のふたつの国家の死角をついて、あれよあれよというまにつくりだしてしまったのが、この都市、香港である。

まさにそれは過激きわまりない資本主義コミューンで、どちらにころんでも中国人というのは、手のつけられない過激派民族なのである。そういう連中が牛耳っている都市がおもしろいところでないわけがなく、また香港はそのことによってだけおもしろい。

おとなの人口の三人にふたりまでは、ふたつの戦争、日中戦争と国共内戦による難民あがりで、太平洋戦争中は日本軍が占領していた香港である。対日感情はむろん、すこぶる悪い。しかし反日の無風地帯ともいわれ、東南アジアのどこよりもそれを意識しなくてすむのは、たぶん反感を通りこして、日本人をしんからバカにしていてくれるおかげだろうと思う。いわば、クソしてねろ！　という式の無視するあつかいで、

ねまきで散歩　公園のパジャマ少女。下は，横丁で買物中のねまき夫婦。

こちらはただヘラヘラしていればいいのだからこれはかえって気がらくだ。ハリウッド映画『慕情』[*3]の原作者ハン・スーインの有名な表現をかりれば、「借りものの場所、借りものの時間」(Borrowed place, borrowed time)——そのうえに浮かぶ期限つきの都市、それが香港であって、その住人は国家にも共同体にも、まして土地や家屋敷などというものに幻想をもたない人びとである。

この資本主義コミューンを統率する唯一の原理、凄惨な自由競争が、それでもはた目には日本のそれほどいやらしくみえないのは、この未来をもたないという自己規定からくる一種のいさぎよさのせいかもしれない。

このいささか殺気だった街を、すんなりとした長い脚をもつ娘たちはきりっとあごをひいて大またに歩き、まっ正面からひとの目をみてものをいう。まあ、おそろしくキツそうな女の子ばかりであるのだが、そのことをいいかえれば、うたがいもなく、香港はアジアでもっとも女のひとの自立と社会進出がすすんだ都会である。ここの過激な原理は、性差別などという後進性となじまないのだ。

そして日が暮れると、私のいるあたりでは、こういう娘たちがパジャマ姿で近所の夜店をひやかして歩く。香港の下町では、アパートの廊下からマーケット、さらにバス停まではねまきで歩きまわっていいことになっているらしい。私はただ遠くから娘たちをながめ、たまさか固い視線にあってあわてて目をそらしたりする。そんなささやかな接触、または不接触が、私の植民地暮しの一部でありすべてなのだ。

自分とそっくりな顔をした人間が、よく似た風景の街で同じようなものを食べていて、にもかかわらずまったくちがうことばと文化と社会のなかで生きている。この不可解な事態にたちあうことがほんとうの外国体験だとするならば、まず香港ぐらい、東京からみて完ぺきな外国はない。この点ではロンドンもパリも、およそつまらない外国である。

＊1　当時は九龍半島に（啓徳）空港があったので、離着陸のじゃまになる高層ビルは九龍側は全面禁止。香港島の山側にだけ許された。
＊2　旧 Hong Kong & Whampoa Dock。跡地は再開発で中産階級向けの高層アパート群になっている。
＊3　一九五五年公開。舞台は香港。中英混血の女医（ジェニファー・ジョーンズ）と特派員（ウィリアム・ホールデン）が恋に落ちて——。主題歌も大ヒット。

飲茶の誘惑

最初はただ、日本人にみえなければいいがとだけ思いながら、おとなしく香港の街をぶらついていた。それがあるとき通りで道をたずねられた。つまり、中国人にまちがえられたわけだが、これが私にはひじょうに愉快だった。

そのつぎは人混みでタバコの火をかせと声をかけられ、こんどは気づかれずにやりおおせた。あいては私を中国人だと信じている。こうなるとおもしろくなって、こんどはこちらから、だれかに「すいません、ちょっと」と火を借りてやろうかという気になってくる。なりすましてみようという積極的な気持が、そこにはたらいてくるのである。

これがうまくゆくと、もういけない。女装趣味の男が、より危険なシチュエーションをもとめてついには女湯に足が向いてしまうように、また一歩深入りしないではいられなくなる。

そういう舞台としては、なんとしても街にいちばん活気があって、ぽやぽやしていると突きとばされそうなこの香港の朝がいい。とりわけ朝の食いもの屋がよく、なにしろ中国人は三度のめしよりレストランへ出かけるのが好きだから、朝七時ぐらいから酒楼《レストラン》が店をあけていることがある。

ふつうは昼から午後にかけてのものとされている飲茶《やむちゃ》――お茶をガブ飲みしながら点心《ていむさむ》をつまむ広東式軽食――を、朝めしの時間からさせるわけで、そういう店は下町に多い。出勤の途中のサラリーマンや仕事にかかる前の職人、それに近所の住人などもやってきて、酒楼は開店と同時にひどくごったがえす。むろんこの時間、テーブルはすべてきゅうくつなあい席で、落着かないことこのうえない。そして、そういうシチュエーションが私の趣味にはいちばん都合がいいのである。

香港というところは、東京以上に場所がらと服装《なり》のきまりがないところだが、この朝の酒楼はとくにめちゃめちゃで、じつに感じがいい。アイロンのあたったサファリスーツを着たホワイトカラーのとなりには、ランニングシャツ一枚の職人風が陣どっていて、テーブルの下には、ゴロリと電気ドリルがねかしてある。

朝の太極拳をすませてやってきた老人は黒い木綿の中国服だし、背中に赤ン坊をくくりつけた母親が小さな子供を二、三人ひきつれていて、もう驚きはしないが、これが例によって全員パジャマ姿である。テーブルの上に積み重ねられた焼売《しゅうまい》のせいろを子供がひっくりかえす。母親が大声でどなる。子供が泣き叫ぶ——じつに感じがいい!

だから私は、これといって早起きする用事もないくせに、目覚まし時計をかけて近所の酒楼へ朝の飲茶をしにでかけてゆく。あのいささか殺気だった朝の空気と、そこでなにくわぬ顔をしてあい席のテーブルに割りこむときのスリルが、私には愉快でならないのだ。まさかだれも、私がまっかなニセ中国人だとは思うまい。どうしてそんなことがおもしろいかといわれても困る。中国人のふりをしたいという気持は、複雑で高尚なものなのである。

いざ出かけるとなれば、もちろんわが風体にこまかい神経をつかう。着るものは、できるだけ土地っ子らしいラフなかっこうが目立たないが、パジャマというのはやりすぎである。そこで、ゴムぞうりをつっかけて、シャツのボタンを三つ目まではずしてみるとか、いっそシャツのすそをだらしなくズボンの外に出すのもここらしくていい。もともと私のからだつきは、広東人のある種のタイプにあてはまるので、ぴたりときめるのにさしたる苦労はない。

そのうえつごうのいいことに、飲茶というものは一切ことばをしゃべる必要がない。テーブルのあいだを巡回しているワゴンから、セルフサービスの要領で気に入った点心を好きなだけとればいいからだ。メニューをながめる必要さえない。

ただ一度だけ口をきかなければならないのは、最初にボーイがお茶の銘柄をたずねにくる場面だが、この一語はとくによく練習してあるので、心配はない。代表的な銘柄三、四種のうちからひとつ指定するわけだが、私の好みは、むろんいちばん発音しやすい銘柄である。すでに言い慣れた短いひとことを、まってましたとばかりボソリというだけなのだから、まずボーイも見破ることができないだろうという自信がある。

もうひとつ、よく研究しなければならないのはテーブルマナーである。これは民族の文化の根本にふれる問題であるだけに、からだで覚えるまでにはいささか時間がかかりそうだ。

たとえば、となりのおやじが口のなかに残った骨のかけらを、テーブルのうえにペッと吐きだす。私のうつわの端から十センチの地点。きわどい至近弾だが、ここで動揺してはならない。ペッとやられたらこちらもまたおもむろにペッとやるまでであって、その行方が気になるようではまだまだ日本人なのだ。

食べかすというものは、たとえかたすみにであろうと同じうつわのなかに残しておくべきではない。これがここのマナーだが、かといってテーブルの下に吐きだしたりするのは、これまた不作法なのである。床の上は、しいていえば痰やつば専用で、そこを吐きちがえないところに文化の真骨頂がある。まず最低限このくらいのことをわきまえないと、ちゃんとしたニセ中国人にはなれない。

あとはちょっとした小道具の活用ひとつで、よりそれらしくふるまうことができる。朝の酒楼でみんながそうしているように、テーブルについたらやおら新聞をひろげるのも一案である。酒楼の前の路上にはかならず新聞売りがいて、二、三十種あるといわれる日刊紙を盛大にならべているから、赤刷りの見出しがはでに躍っているようなのを一部買って入ればよい。「白晝・少女遭色狼誘姦！」などという記事が、知らず知らずのうちに読解の訓練になって、かっこうだけのつもりがそのうちどんどん読めるようになってくる。こうなるともう、ニセ中国人ぶりも外づらだけでなく、内側からにじみ出てくるからほんものである。

そもそも、中国人に化けてみたい、中国人のふりをしてみたいというコムプレックスは、阿倍仲麻呂からタモリにいたる、わが日本のインテリ一千年の由緒正しい知的傾向なのだから、べつに私ひとりの酔狂というわけではない。だが、いくらおもしろいとはいえ、日本人が中国人に化けるということは、冗談にしてもいささか無分別なことであって、中国人がいっしょに笑いころげてくれるなどということは、あまり期待できない。じじつ、何人かの中国人の友だちは、私がそんなことをもちだすときまって、「バカなことはよしな」ととりあわない。

たしかに明治からこちら、中国人になりすました日本人にロクなのがいなかったのは事実である。明治期にはまだ比較的ナイーブなニセ中国人志願者がいたかもしれないが、昭和に入ってからはだめだ。ニセ中国人といえば、これはもう特務機関員かその手先と相場がきまっていたのである。

いにしえからの中国人にたいするぬきがたい文化的知的な風下意識が、ひどい反動と奇妙な倒錯を生みだすことになったのは、この時期だろう。おかしなことはいくらもある。中国侵略の当事者だった日本の軍人たちは、しばしばその戦勝の感慨をほかならぬ漢詩に託しているし、近くは、無学が売りものの田中角栄でさえ、北京に乗りこんだ朝、できのよくない漢詩をひとつ、ついモノせずにはいられなかったのである。

このはなしを、反日運動をしたこともあるような中国人の政治的若者たちにすると、みんな「どうしてだ？」と不思議がった。連中は日本を中国文化の一方的破壊者と単純にみているから、「シナ人」をぶち殺して歩いた日本人が、同時に漢詩の愛好者であったということが理解できない。しかし被害者側がわからないのは当然で、加害者側であった戦時中の日本政府じたいが、英語を禁じることは考えても、漢詩・漢文を禁ずることなどどうていできなかったし、また思いもつかなかったのである。

そういう自家撞着のなかで、この時代の日本が作りだした一大スターが、わがニセ中国人の系譜に特筆大書されるべきまっかなニセ中国娘、李香蘭だった。この現参議院議員がかつて李香蘭という名で演じた、中国娘になりすますことによってニセの中国娘イメージをつくりだすという倒錯的役柄は、そのタチの悪さにおいて、いまなおニセ中国人ちゅうの白眉である。

そしてこのゆがんだ中国への執着は、銀幕のなかの李香蘭に純情をささげた日本青年が、戦場で中国娘を強姦してまわるという惨たんたる結末に終った。

だがうれしいことに、いまや中国は、ふたたびあらゆる意味で強大な国として、われわれのまえにある。どうやっても、しょせんかないっこないという気がする。わが由緒正しいニセ中国人コムプレックスというものは、一千年来こうしたでかい中国によりそってきたのである。これでもともと。こちらがヒクツなくらいが、歴史的に正常な状態なのであって、この条件がなければ、趣味としてのニセ中国人の健全な発展もない。

もっとも、正直に告白すれば、私の趣味には少しだけ実利を求める不純な動機も混っている。よかれあしかれ、事実の問題として、われわれは、日本人のアイデンティティーのまわりにめぐらせた防壁の、もっとも低く薄い場所のひとつで、中国人と接している。だから日本人であることがほとほといやになったら、さしあたり壁のそのあたりをとびこえるのが、てっとりばやそうだというのが私の目算になる。

私のニセ中国人は、その日のための予行演習でもある。しかし、こうした私のいじましい思いにもかかわらず、ある朝、飲茶のテーブルで私のとなりに座った屈強の中国人が、無遠慮に私の顔をのぞきこんでから突然たちあがって私を指さし、大声で叫ぶかもしれない。

「日本仔《やっぷんちゃい》!」

そういうことがおこったらどうしようか。酒楼のドアをくぐって空席を目でさがしているとき、ふと、そういうこころよい恐怖におそわれることがある。

半島酒店

あのイギリス風赤レンガの九龍車站《カオルンステーション》が九龍半島の突端から姿を消してしまったのは、一九七八年のことである。ありし日の車站《ステーション》は、いま思いだしてもじつに風格あるいい姿をしていた。

ヴィクトリア港をゆくフェリーのうえからながめる車站の全体のシルエットも悪くなかったが、私は古びた石の円柱のあるバスターミナルに面した正面と、北側のファサードのあたりがとくに好きだった。それがなくなったいまになってみて、ヴィクトリア港に面したあの時計塔のある古い駅舎は、やはり九龍の欠くべからざるランドマークだったということにあらためて気がついた。

戦後の九龍車站は、もっぱら中国本土への唯一の玄関口としてあったが、その昔のよき時代、レールははるかヨーロッパのかなたへつながっていた。ロンドンのヴィクトリア駅を汽車で発った旅人は、欧州を横切り、シベリア鉄道から中国を南下して、はるばるあの九龍の終着駅へ降りたつことができたのである。

その歴史的な駅が廃止になり、紅磡《ほんはむ》に完成した新駅に移転してからも、とりこわしまでの一年以上のあいだ、レンガの駅舎は昔のままの姿でずっとそこにあった。ひと気のない暑い午後、その正面に立つと、いまにも白い麻の背広を着てパナマをかぶったイギリス人が、革のボストンバッグを片手に石の階段を降りてきそうな気がしたものだった。とりこわしのあとの空地にはすでにビルが建ち、ヴィクトリア港に向って開けた広場にかろうじて残された時計塔[*1]だけが、うすれてゆく記憶のなかでずっとかわらぬ時をきざみつづけている。

このノスタルジックな駅舎の取り壊しが決まったとき、この植民地に根をおろした旧世代のイギリス人たちのあいだから強い保存運動が起った。あの九龍車站が消えてなくなるということは、とりもなおさず、古きよき植民地と古きよき大英帝国のあいだの最後の心理的なつながりが、断ち切られてしまうことを意味したからである。

そして、結果はその通りになった。九龍車站が消えたということで、香港の街は最終的にイギリス色を払拭し、コロニアルな記憶を一掃してしまったかのように見える。もし、イギリス風の街角やコロニアルな通りの気分を味わいたいのなら、むしろマレーシアやシンガポールに行った方がいいくらいだ。すでに独立国であるあちらの方に、イギリスの影はいまだに色濃く、反対に現役の植民地である香港はそこから離脱を完了してしまった。

そんなわけで、こんにちではコロニアル気分いっぱいといった一角を香港でみつけるのはむずかしいが、とはいえ、れっきとしたイギリスの直轄植民地である以上、ほんもののコロニアル文化が燦然と光りかがやく空間がまったくないわけではない。

たとえば、消えてしまった旧駅と梳士巴利道《サリスベリー・ロード》をへだててはす向いにある、半島酒店《ペニンシュラホテル》である。ここは、数ある香港の大ホテルのなかでも別格にランクされ、原則として団体客は一切とらないことでも知られているが、古きよき植民地の空気をもっともよく伝える半公共の場としてはこのホテル以上のところはあるまい。

オーナーのホンコン・アンド・シャンハイ・ホテルズ・リミテッドは、かつて解放前の上海にアスターホテルとかパレスホテルなどをもっていたいわば植民地ホテルの老舗。ペニンシュラ以外に、香港では現在、ホンコンホテルなどを所有する。

かつてこうしたアジアの植民地ホテルとしてその名を馳せた、たとえばシンガポールのラッフルズとかペナンのE&O、クアラルンプールのマジェスティックなどが、いずれも老朽化して荒れ果てるか、すでに昔日の栄光を失っているのに対して、ひとりペニンシュラは健在である。その理由ははっきりしている。ここだけが、旧来通りイギリス人の管理下にあって、イギリス人のマネジメントを貫いているからなのだ。

その運営に人種的な平等や過度のデモクラシーなどがもちこまれたとたん、この手のホテルはその輝きを失う。植民地ホテルとは、本来的にそういうものなのである。

そういうサベツ的でイヤミなところはまっぴらだというひとは、べつに見物にでかける必要はない。しかしまあここはカタいことをいいっこなしにしようというのなら、ペニンシュラはやはり一見の価値がある。


半島酒店のロビーをのぞいて、ついでにそこでコーヒー（いや、やっぱりイギリス式に紅茶《ティー》がいいか）でも一杯というつもりなら、午後のティータイムがベストだろう。高い天井を支えて立つヴィクトリア様式の装飾のある太い柱列の真下か、あるいは大理石のフロアのいちばん奥。明るい窓ぎわのテーブルが、私の好きな席である。

四人用の正方形のテーブルは、シンプルな木製。これも木のフレームにシートを張ったひじかけいすは、ゆったりとして固すぎもせずやわらかすぎもせず、じつに座りごこちがよろしい。テーブルもいすも、骨とう品というほど古めかしくはないのだが、デザインはりっぱに時代遅れ。それがいかにも、流行や新しさといったことがらにはすべて警戒的なこのホテルのいき方にふさわしい。

さて、席についたらどうしようか。まずはひじかけいすの背もたれに深く身をあずけ、もしやってみたければ、小脇にはさんできた『サウスチャイナ・モーニングポスト』などを、コホンとひとつ咳ばらいのあとおもむろに開いてみるのもひとつのスタイルではあるかもしれない。すると、じきにこざっぱりした白い上着をつけた中国人のウェイターが、音もなくテーブルへやってくるはずだ。

音もなく、というのは、この場合たんなるレトリックではなくて、ほんとうに足音がしない。ロビーのウェイターたちは、かつてイギリス人につかえた中国人のサーバントの服装そのままに、みな黒いフェルトでできた中国の布靴をはかされているからだ。そして、まえかがみになったウェイターは、ささやくような小声で、ご主人さま（！）のご用命をうけたまわるだろう。

このロビーで供されるティーやコーヒーは、磨きあげた重い銀器のポットで出てくる。そして、ここのコーヒーが、おそらく香港ではいちばん高い。ひとり前十五〜十六ドルはするから、日本円でいえば六、七百円か。なんだ、高いったってたいしたことないじゃないかとお思いかもしれないが、場末の珈琲舗《コーヒーや》なら熱珈琲《ホットコーヒー》一杯三ドルもしない香港のことである。これはまさしく法外な値段といっていい。

運がよければこのロビーで、およそ香港の街角なんぞでは見かけたこともない種類の、いかにもイギリス人然とした人品いやしからぬ背の高い紳士が、ひとりでアフタヌーンティーをやるところなどをつぶさに見物することができる。この手の人物は、軽く組んだ長い脚のうえでひろげた新聞からは一切顔をあげないで、ときどき思いだしたようにカップを口にもってゆく。それをちょっとだけすすって、またテーブルの上のソーサーへもどすのだが、その動作の途中で目が重要なセンテンスにゆきあたったりするわけである。

するとどうなるかというと、思わずティーカップをつまんだ手が、空中で停滞する。そのまま、二秒、三秒。ああ、こぼれちゃうよ、と見物人は気をもんでしまう。だが、むろん心配は無用だ。紳士はふとわれにかえって静かにカップをテーブルにもどすのだが、そのあたりじつにきまっているのである。なんていやみな奴らなんだ（！）。

ティータイムがいいというのは、なにもイギリス人がティーをやるところを、口をあけて見物するのに好都合だからというのではない。この時間だけ、いつもは静粛なロビーに、静かな音楽が流れるからで、耳のいいひとならすぐに気づくはずだが、どこからともなく聞こえてくる弦楽四重奏《クワルテット》の調べは、べつにレコードやテープを流しているのではない。

吹き抜けの上方のバルコンに楽士がいて、ほんとうに演奏をしているのだが、それが下からでは見えないのだ。私の鑑定では、みな相当の弾き手である。ならばいっそフロアにつれてきて、そこで〝芸術家〟として遇してやれば、それはそれでロビーの呼びものになると思われるのに、ところがそうはしない。

なに、田舎楽士どもでございます。ほんのティータイムのお耳汚し。どうかお聴き流し下さいませ——といわんばかりに、わが芸術家たちをバルコンのうえへ追いやってしまうあたりが、いわゆる伝統としきたりをガンとして曲げないこのホテルの悪しき真骨頂なのだろう。

しかし、そうしたペニンシュラの一徹ぶりが、本家大英帝国の見るも無残な凋落ぶりのなかで年々、一インチまた一インチと後ずさりを余儀なくされているのは、まことに同情を禁じえないものがある。またそれは同時に、ざまあみろでもあるのだ。たとえば五〇年代までは、このロビーの中央から右半分はもっぱらブリティッシュ用と決まっていたというが、それがいまやどうだろう。ロビーはすでに天下の大道、中国人はおろかあの呪うべき〝ジャップス〟までが、身のほど知らずに出入りするご時勢なのである。

＊1　口絵1ページ、門小雷（リトル・サンダー）のイラストを参照。

日本の記憶

中国料理とショッピング以外に、なにか香港のいいところをあげろといわれたとき、外国旅行に不慣れな日本人ならば、おそらく〝もっとも身近な、気のおけない外国だ〟ということをあげるだろう。そして、いくらか外国旅行に慣れた日本人ならば〝英語がよく通じる〟ことをあげるかもしれない。

しかし、同じ香港の、少なくとも私のいた下町では、これらのいいところは両方ともまったくあてにならない。まず英語のほうは、小ざっぱりした身なりをしてメガネをかけた若者でもつかまえれば別だが、ふつうの店ではまず絶望的である。ワンツースリーが通じれば上々で、そのくらいならば東京でもりっぱに通じるにちがいない。

それどころか、こういうことさえ起こる。ある雑貨屋で、あらかじめ「我唔識講廣東話」（広東語、話せません）とカタコトで断わって品物を選んでいると、おやじがちょっと待てと隣へ走った。やがて連れてこられた通訳氏がいきなり私にまくしたてたのは、英語ならぬ北京語なのである。私は広東語のできない中国人だと思われてしまったわけだ。

私がいた九龍の紅磡《ほんはむ》は、スター・フェリーの発着する半島の突端尖沙咀《ちむさあちょい》から香港島に向って左手、紅磡湾《ベイ》の東側のでっぱった部分にあたる。もっとも、でっぱりのほとんどはドックや発電所の施設で占められ、そのつけ根のあたりに、わずか五百メートル四方ほどのたてこんだ街区が、文字通りへばりつくようにしてある。そこがいわば私の香港だった。

東京でいえば江東区あたりだろうか、中心街からほんのすこしはなれただけで、街の気分はがらりと変る。海水と石油の臭いに焼ブタと線香のそれがいりまじり、夜半、年頃の娘がパジャマで露店の買い食いをする下町である。中国人以外の住民は、見わけられる限りで最下層のインド人がすこし。ヨーロッパ人の姿を見かけることは、昼間の表通りでさえめったにない。

そしてこのあたりは、英語が通じないだけでなく、〝日本人にとって気のおけない香港〟でもまたない。そのことを私は、わずかな期間に一度ならず思い知らされることになった。

ある日、ある金物屋の主人が、どこからきたかと私にたずねた。「日本」とこたえると、ラクダのシャツのボタンをはずしたその五十がらみの主人は、とたんに鼻白んだ顔になって私になにごとかいいつのりはじめるのだった。しかし話が通じない。なにかまずいことになったなと私は思った。と、彼はいきなり口で銃声をたてながら、機関銃を乱射する格好をしてみせた。それで、たちどころに相手のいいたいことが私にはわかったのだが、わかったとたんに私が哀れっぽい表情を見せたのがよかったのかもしれない。

そのうちに奥から出てきた人のよさそうなおかみさんのとりなしで、主人の表情はようやくなごみ、私の筆談の求めに応じるようになった。彼は何度も自分を指さしながら、手近な新聞の余白に三つのことばを書きつけた。「七歳」「廣東」「日軍」。おとなの人口の三人にふたりまでは、なんらかのかたちでの本土からの難民だということ香港は、日中戦争の記憶を中国以上になまなましくたくわえた、巨大な中国人社会でもある。「日中国交正常化」の新しい潮流も、ここにはおよばない。そして、その身の上を戦乱の記憶から語りはじめねばならない人びとの大部分は、日本人観光客が落とす円の恩恵にもまた浴すことがないのである。

こんにちの香港のなかでの日本というものは、この戦争の記憶と、流入をつづけるおびただしい日本文化の影響というふたつの場面で、おもに人びととつながっている。紅磡の夕暮どきにいつも人だかりのしている〝彩色電視〟の看板をかかげた再生テレビ屋のブラウン管に、日本人俳優の顔が映っていない日はない。アニメの主人公もいれば、刑事役の見慣れた顔もあり、たたみの部屋でコタツを囲んだ日本製ホームドラマさえ、ここでは広東語に吹きかえて放映される。

あまつさえ大晦日には、この店頭の地面にじかに積み重ねられたテレビが、一時間遅れの宇宙中継で〝全日本歌星大賽〟こと〝紅白歌合戦〟を映しだしもするのである。時間を買い占めるのは、むろん日本企業・日本商品ディーラー連合である。歩道にしゃがみこんだ黒い中国服の老人の目の前五十センチで、日本の少女歌手が流行歌を歌う。

ところがこの宇宙中継では、あのNHK顔をしためがねの司会者がでてくると[*1]、とたんに音声がしぼられて、入れかわりに同時通訳者のかまびすしい広東語がかぶさるという破天荒なものだった。おかげでNHKの顔、日本の顔たるめがねの中年男の司会ぶりは、まったくの〝タモリ調〟である。

この中国人の仕組んだ、二重にも三重にも痛烈なパロディーを、ニセ中国人である私は、再生テレビ屋の前の群衆のなかで笑わずに黙ってながめていた。

私はいくどかここの人びとから、とくに若者から「日本語を教えてほしい」といわれた。これはひとつのまったく新しい〈体験〉であった。以前、一年ほどフランスにいたときは、そういう体験は金輪際なかったからである。そして、フランスでは一度もなかったことがここではよくある——ということへのひっかかりが、私の応対をい

紅白　ここではむろん，コマーシャルあり。字幕つきで熱唱する永井法蘭（フランク永井）。下は千昌夫。

つもぎこちないものにさせる。

あるときやってきたのは若い娘で、彼女はいちおう〈あいうえお〉と数字の数えかたをすでにそらんじていた。では、なにかまとまったことを日本語でいってみてくれとうながすと、彼女の口をついて出たのは、次のようなセンテンスである。

「コレハ絹デス。日本円デ××円デス。マタドウゾ。サヨナラ」

この日本文を彼女は、デパート[*2]でアルバイトをしたときに覚えさせられたのだという、それ以外は一切なにもしゃべれなかった。

香港の英語は、制度上は外国語ではないから、おそらく日本語が外国語のなかではもっとも広く通用していることばということになるだろう。テレビにもラジオにも日本語講座があり、いたるところに夜学の日本語教室がある。なにしろ日本は、香港にとって最大の輸入相手国のひとつであり、モノばかりでなく、年間数十万人の観光客がやってくる。

にもかかわらずここの日本語というものは、英語が社会生活に必要な能力だとすれば、ちょうど売場のソロバンや金銭登録器のように、まったく経済生活上の一つの道具としてだけある。じじつ、私に日本語を教えてくれといってきた娘は、覚えてどうするのかと私がたずねると、正直にもこう答えたものだ。“I'll get better payment.”彼女はフランスの学生のようにクロサワやオヅやミゾグチへの尊敬を語るわけでもないし、日本人の生活や風習について話してくれと私にせがむわけでもない。日本の文化には、どんな知識も関心もないけれど、しかし日本語はぜひ覚えたい、とそういうのである。

しかしこうした日本語のあつかわれようを嘆いてみせるのは、日本人の身勝手というものだろう。香港人のことば（広東語）に対するわれわれの態度もまた、まともなものではないからだ。

たしかに広東語というものは、中国語の一地方語にすぎない。だが中国本土に数千万人の使用人口をいまなおもち、香港・マカオの六百万人と、東南アジアと欧米の中国人社会（の大部分）では、これが共通語。つまりちょっとしたヨーロッパ語をしのぐ勢力があるのだが、私が香港行きを計画した七〇年代半ばの東京の本屋には、広東語の入門書はおろか、まともな会話帳さえひとつもなかった。かりにも年間四十万人からの人間がでかける旅行先のことばである。なにより、数千人にのぼるという香港在留の日本人は、いったいどうしているのだろうかと、私には不思議でならなかった。

そんなわけで、しかたなく英語で書かれたペーパーバックの入門書を手に入れて東京を発った私は、やってきた香港で、ようやく一冊の日本語―広東語会話帳とめぐりあうことになる。銅鑼湾《コーズウェイベイ》の香港大丸デパートの日本書籍売場に、ただ一種類だけ置いてあった『實用　速成廣東語』というその古色蒼然とした本を手にして、私はしかし相当なショックを受けた。

たとえば〈人力車に乗る時〉のやりとりの日本語パートの例文は、こうなっている。香港にはまだ人力車があるから、この設定もあながち無用とはいえないが――

「俥屋《くるまや》！　大平南路へ行くか？　幾銭《いくら》か？」「三十仙《せん》です」「出鱈目《でたらめ》云ふな、ぎり〳〵の所幾銭か？」「十五仙でどうですか？」「十仙やるから、行くなら行くし、行かなけりや《や》止めろ」

ずいぶん乱暴な「会話」であるが、これはまだいいほうだ。さて到着――「銭をやる」「あーあ、随分な路程《みちのり》でした。少し増して下さい」

この車夫の要求にたいして、返答は――「强請《ゆす》るな」「ぐづ〳〵云ふな」「警察へ連れて行くぞ、早く行け！」なのである。

「發行　東京・本郷・文求堂」とあるこの驚くべき会話帳をひっくりかえしてみて、私はもう一度驚いた。奥付によるとこの本の発行は、なんと昭和十五年十二月三十日なのである。広州を占領した日本軍が、香港へ侵入するちょうど一年前の日付で、見たところ写真製版による復刻らしいが、その旨の記載はなにもない。

「如今東亜新秩序建設ノ際ニ當リ語言溝通ノ必要缺ク可カラザル事ハ言ヲ俟タザル所――」

と、巻頭の〈序〉もまたそのままである。

「太平南路」や「松原ホテル」など、当時の広州市の地名がいくつも出てくるこの本を、私は貴重な資料として一冊買いもとめ、たびたび読みかえした。そして読みかえすたびに、やりきれない思いにとらわれる。この本のなかで客が車夫になげつける居丈高な広東語は、「日本円デ××円デス。マタドウゾ」という、私のところへやってきた娘の日本語と、なんとぴたりと時代をこえて対応していることだろうか。

＊1　故・宮田輝

＊2　当時は香港でデパートといえば日系のことだった。大丸、松阪屋、そごう、三越、伊勢丹、東急、西武、岡田屋……。その後テナント料の高騰などもあって返還前後につぎつぎと撤退。現存する数店も名前を貸しただけで運営はみな香港資本。

天星小輪・雙層巴士

少なくとも戦前までは、いまとちがって香港の中心はあくまでも香港島側《ホンコンサイド》。半島の九龍側《カオルンサイド》は、交通の起点というだけで、まだそれほどひらけた街ではなかった。だから、陸から欧州発シベリア鉄道経由で九龍の終着駅に降り立った旅人も、海から九龍の桟橋に上陸して香港への第一歩を印した旅人も、みなそこから天星小輪《スター・フェリー》でヴィクトリア港を渡った。近づく香港島をデッキからながめながら、しばしの旅心にひたる。その時代の旅人たちにとって、香港旅行の思い出のなかの絵ハガキの最初の一枚は、いつも波にゆられながら水上を行くスター・フェリーだったのである。

これは戦後の話だけれども、香港を舞台にした『スージー・ウォンの世界』という映画があった。その冒頭、客船で九龍の桟橋に着いた画家ウイリアム・ホールデンが、はじめて香港娘スージー・ウォンと出会うのが、やはり香港島へ渡るこのフェリーのなかだった。白と緑に塗り分けた美しい船体をもつスター・フェリーは、けなげなことに、いまでも昔通りに九龍の尖沙咀《ちむさあちょい》と香港島の中環《セントラル》のあいだを、毎日往復している。

所要時間は、およそ八分。二層になったデッキの上が一等、下が二等で、運賃はそれぞれ七毫（七十セント）と五毫（五十セント）。両者ははじめから出入口も別々で、乗船中に移動はできないしくみだが、一等と二等のちがいは、キャビンがあるかないかというところにある。べつに一等のほうが乗りごこちがいいわけではないが、風の強い冬場などは、吹きっさらしの二等だとたしかに少々つらい。

フェリーを運航する天星小輪有限公司《スター・フェリー・カンパニー》は、英系の会社で創立は一八九八年。むろん、ヴィクトリア港を縦横に走る渡海小輪《クロスハーバーフェリー》のうちでは、最も古い。創立以来、船名には星《スター》をつけるのが伝統で、現在就航中の十隻にもすべて星がつく。

船マニアのために、いちおう全部名前をあげておくと、天星（Celestial Star）、日星（Solar Star）、午星（Meridian Star）、北星（Northern Star）、夜星（Night Star）、晨星（Day Star）、輝星（Shining Star）、燦星（Twinkling Star）、銀星（Silver Star）、暁星（Morning Star）の以上十隻。船齢は、天星が最も古く、銀星と暁星がいちばん新しくて一九六五年の建造である。

いずれも完全な同型船で、まったく見分けがつかないうえに、船体の前後がこれまたよくわからない。操舵室《ホイール・ハウス》は前と後ろに一か所ずつあって、つまりどちらにも走る。

往路の船首が復路には船尾になるわけで、ベンチの背もたれも可動式。乗り込んだ乗客は、まずベンチの背もたれをバタンと反対側に倒して、いつも進行方向を向いて座ることになっている。

したがって、どちらが船首だろうとべつに不都合はないのだが、どうしても気になるというひとは、フェリーの前後のへさきを見くらべて、船首・船尾を確定すればよろしい。HONGKONGと小さな金文字で船籍が書いてある方が、本来の船尾。またたは、操舵室まえの甲板にアンカーが二本装備してある方、こちらが本来の船首だ。

運行時間は毎日午前六時から夜の十一時まで（地下鉄開通以前は午前二時まで運行していた）、ざっと二百往復。東京の国電並みの便利さだが、それでも終電ならぬ終船に乗り遅れちゃったひとはどうするかというと、あわてずさわがずすぐそのわきにある終夜営業の電船《モーターボート》乗り場へ回る。これが、かつてのやりかただった。電船というのは十人乗りほどのちゃちな動力船で、料金は相乗り客の頭割り。一隻買いきる度量のないひとは、深夜の波止場で頭数のそろうのを待つ。

だから、ひと昔まえは、パーティー帰りのタキシードやイブニングの一団が、この電船で深夜の港内をにぎやかに押し渡る光景が、週末ごとに見られた。しかしこの海上の名物も、一九七四年の海底隧道《トンネル》開通で斜陽化し、そして地下鉄が香港島と九龍を結ぶに及んで、最終的に命脈を断つことになった。いまや港の横断は、地下鉄でひと

碼頭　街の高エネルギー空間を逃れて，フェリー・ピアに憩う恋人たち，老婆，老夫婦。

駅である。

尖沙咀と中環を結ぶスター・フェリーのほかに、ヴィクトリア港内には二十ほどのフェリー路線があるのだが、こちらはすべて、煙突にHYFのマークをつけたフェリーの独擅場。スター・フェリーが英系資本であるのに対して、HYF・香港《ホンコン・》油麻地小輪有限公司《アンド・ヤウマティ・フェリー・カンパニー》はいわば民族系*1。地元中国資本の会社らしく、社是は「民有・民治・民享」の三民主義。内水フェリー会社では世界最大といわれ、百隻近い保有船の船名にはすべて民の字がつく。

「星」のフェリーと「民」のフェリーが競いあう港内を、最近はめっきり少なくなったが、ときおり浅黄色のこうもり帆《バット・セイル》をひろげた大きなジャンクが、のんびり音もなくすべってゆくことがある。そのときだけ、両岸にビルを林立させたヴィクトリア港は、百五十年前の名もない華南の静かな入江にかえる。

ヴィクトリア港の海底をくぐって香港島と九龍を結ぶ地下鉄が開通（一九八〇年）してからというもの、たしかに香港の交通事情は変った。とても便利になったのはまちがいない。

便利になるのはいいのだが、しかしこれで、陸上を走る巴士《バス》と海上をゆく渡海《クロスハーバー》小輪《フェリー》の、網の目のような接続によってなりたっていたそれまでの交通システムは、いっきょに崩壊してしまうのではないか——。内心では、地下鉄なんてつまらないものができたものだと思っている身勝手な香港ファンは、ひそかにそう心配していたわけだが、どっこいそうではなかった。さいわいなことに、地下鉄ができてからも、あの美しい天星小輪《スター・フェリー》はまだまだ海の上で健在だし、香港名物の二階バス——雙層巴士《ダブルデッカー》が、依然として陸上交通の主役であることもいままでどおりだ。

香港にはバス会社がふたつあって、香港島側の路線をCMB（チャイナ・モーター・バス＝中華汽車有限公司）が、九龍側をKMB（カオルン・モーター・バス＝九龍汽車有限公司）が、それぞれ別個に運行している。車輛の総数は、CMBとKMBあわせて、およそ二千五百。CMBのバスはすべてダブルデッカーだが、KMBのほうには、まだ単層巴士《シングルデッカー》も残っていて、全車輛の五分の一ほどがこれだ。おもに乗客の少ない辺びな路線を、なんだか尾羽うち枯した姿でガタゴトと走っている。

ダブルデッカーといえば、本家はむろんロンドンだが、香港の二階バスも同じイギリス製。ただし、その姿かたち、走りっぷりとなると、これはだいぶんロンドンとは様子がちがう。なにしろ人間だらけの香港のこと、一度にたくさん乗れればいい、積載量が大きければいいという、貨車やトラックなみの発想で導入したダブルデッカーであって、お客を乗せて走るというよりは、人間を満載して、ダンプカーよろしく混雑した通りを疾走する。

バスだけではない。まったく同じ考えから、香港では市街電車《トラムウエー》もやはりダブルデッカー。もっとも香港島を東西に走るこちらのほうは、鉄道マニアにいわせると、世界にただひとつしかない珍品であるらしいが、そんなことはそこで生活する地元の人間にはどうでもいい話なのである。

香港人は、ときどきこう自嘲をこめていうことがある。毎日、二階電車と二階バスを乗りついで仕事に行き、仕事から帰る。そしてやっと家にたどりついたら、こんどは大のおとなが二段ベッドにもぐりこんで眠る。これが、しがない香港庶民のダブルデッカー人生なのさ——と。名物の二階バスは、ただ日本人にはものめずらしいというだけではない。香港へ行ったらいちどは体験してみる値打ちのある、もっとも香港的なるモノのひとつだといえよう。

バスサービスの種類は、CMB、KMBとも大むねつぎの四つ。

市区巴士——市街地路線バス

長程巴士——郊外・新界《ニューテリトリー》方面行き長距離路線バス

隧道巴士——海底隧道《トンネル》を通る、香港—九龍の連絡バス

豪華巴士——エアポートバスなどの、快速で快適な直通デラックスバス（ただしKMBのみ）

これ以外に、公共小型巴士、略して小巴《ミニバス》と呼ばれる、十四座席のタクシーとバスの

あいのこのような乗物があって、市内をチョロチョロと走り回っている。その数、ざっと五千台。手をあげればどこでも停まり、またどこでも降りられる便利な交通機関だが、これは地理に精通していないと使いようがない。不慣れな旅行者は、さしあたりさきほど四つあげたバスサービスを活用するのが無難だろう。

香港のバスは、ＫＭＢのごく一部の路線をのぞいて、すべてワンマン方式。まえ乗りあと降りがふつうで、前方の乗り口には大きく「上」の字が、そして後方の降り口には「落」の字があるけれども、べつにバスからころげ落ちる必要はない。日本語の「降」に、広東語では「落」の字をあてる。

料金は全線均一で、最低七毫（七十セント）。遠距離の路線でも二元《ドル》から三元まで。前払いで赤い箱にチャリンとやるのだが、困るのはおつりをくれないことである。ところが、さすが香港人、おカネの運用にはよく習熟している。小銭のないひとは、料金箱のわきに立って待ちかまえていて、つぎに乗ってくるひとから勝手に料金を徴収してしまう。そうやってつぎつぎ小銭を受けとって、おつりができたところで自分の大きなおカネを最後に投げこむという寸法だが、このルールは日本でも見習っていい。

さて、無事乗りこむことができたら、座席はやはり二階のいちばん前が、旅行者用の指定席だ。脱兎のごとく走りだした香港ダブルデッカーは、あの香港島の急な山腹を縫う曲りくねった道路を、轟音をあげながら駆け登ってゆく。そして、下りにさしかかって急カーブを切る一瞬がじつにスリル満点。片側の車輪が浮きあがって、ふわっと景色が斜めになったりするのが、じつにたまらない。

この痛快な走りは、ロンドンなんかじゃとても味わえない香港ならではのものだが、できるだけ重心を低く保つために、乗客は二階の通路に立つべからず、という規則がある。およそ規則なんてものには無頓着な香港人も、これだけはちゃんと守っているおかげで、死者がでるような二階バスの横転事故は、年にたったの一、二回。けだし、天才的な運転技術の勝利といわなければならない。

＊1　その後の渡海小輪の再編によってすでにこの社名は消滅。ＨＹＦの三文字を煙突につけたなつかしいフェリーの姿も消えて久しい。

叉焼飯

もともと中国人は、食べることに異常な執着をもつ民族である。そのもののすごさを、ほら、よくこんな風にいうではありませんか――。中国人が、四本足で食べないのは椅子と机だけ、二本足で食べないのは両親だけ。翼があって食べないのは飛行機だけで、水中を泳ぐもので食べないのは潜水艦だけだ、と。

そういう中国人が、中国の各地からどっと押し寄せてできたのがこの香港だとすると――。ただでさえ食べることには目のない中国人が、この過激で凶暴な都会の空気を吸い、ここ流の処世を身につけると、それは恐ろしいことになる。なみの中国人なら口にしない潜水艦や飛行機も、平気で食べかねないのが香港人である。

なにしろ香港人にとっては、食べることだけが生の証し、食べている時がいわば人生の至福の時間。この香港で、ほかに信ずべきものなど、なにもない。

たとえば、土地。これはすべて女王陛下の管理下にあって、私有は許されない。かりに法外なカネを払って地上権を手に入れ、そこに豪邸を建てたとしても、借地の証文に、北京にいる本来の地主が裏書きをしてくれるわけではないのである。だから香港では、土地ほどあてにならないものはない。

では銀行預金などはどうかというと、これがまたたよりにならないのである。香港で流通しているおサツというものは、日銀のような中央銀行をもたないので、市中銀行の大手がそれぞれ勝手に発行した、いわば三菱銀行券、住友銀行券とでもいうべきしろもの。政庁の保証があるとはいえ、同じ十ドルに模様のちがうおサツがあったりするから、なんとも心もとない。

かくして、日本人がオロカにも盲信してやまない土地と銀行が、ここではふたつながらもっとも信ずるに足らないものの代表とあいなる。

したがって香港人は、食べるしかない。その日の稼ぎはその日のうちに、できるだけ腹へ入れておくべし。けだし、舌の快楽だけは、決して人生を裏切らない。このテツガクが、ますます香港人を食へとかりたててゆくことになる。

なにしろ、この狭い島と半島に酒楼《レストラン》の数が、広東料理系だけで、ざっと三万からあるといわれる。人口を約五百万人とすると、これだけでもう、人口百七十人に一軒のわりで食べもの屋がある勘定になる。そのほかに、広東にくらべればずっとマイナーな存在だが、上海、北京、四川、それに潮州と客家《はっか》料理を専門にする酒楼がそれぞれある。この五つは、まあ合わせて全体の二割程度と、数は多くないが、いずれにしても、これだけの酒楼の営業がちゃんと成り立つのだから、香港というところは極端な外食社会である。

　そして、食べ物屋はむろん、酒楼だけではない。このほかに香港には、およそあらゆるところに、ありとあらゆる形態の食べ物屋がある。いちばん安直なのは、まず屋台。この手の食べ物屋を大牌檔《たいぱいとん》[*1]と呼び、裏通りの路上にデンと居すわった固定式でかなり大規模なものもある。

　この大牌檔が、なかなかバカにできない。ふつう、麺専門の店、お粥専門の店と分野が分れているのだが、それだけに味に工夫があり、なかには、雲呑《ワンタン》ならここが香港一と折紙つきの有名店もある。また、これが大がかりになると、ビルとビルのあいだの袋小路にトタン屋根をさしかけ、地べたに折りたたみテーブルをずらりと並べたジャンボ屋台もあって、大牌檔が酒楼顔まけの大きな商売をしていることもめずらしくない。このクラスだと、味も料理のレパートリーも酒楼にひけをとらないし、ねだんもなかなかけっこうなものである。

　こういう裏通りの大牌檔と、表通りに立派な店を張る酒楼とのあいだをつなぐ、中間的な存在の食べ物屋が、日本のソバ屋に相当する麺類の専門店だ。といっても、香港のソバ屋は、かならずお粥の部門もやっているので、看板はしばしば粥麺専家《じょくみんしんか》。どこの横丁にもひとつはあって、屋台にくらべれば小ぎれいだし、寝る前にちょっと腹が空いたときなどにはしごく重宝する。香港庶民の日常生活と最も緊密に結びついた食べ物屋が、おそらくこれだろう。

あの小ぶりなどんぶりからズズッとすする春雨のように細くてコシの強い広東風の麵。この麵のノドごしと、ブタの丸焼きを店頭にぶら下げた焼臘飯店《しうらふあんていむ》のテーブルでかきこむ、アツアツの叉焼飯《ちゃしうふあん》。いずれも、ごくシンプルな食べものではあるのだが、このふたつの口福[*2]を思いうかべてしばし恍惚とするようになれば、あなたは、すでに香港人のすぐとなりにいるというわけである。

＊1 一部を除いて現在はほぼ消滅。市街各地区の街市（生鮮食品市場）が再開発で多層化・ビル化すると、路上の屋台もそのワンフロアー（しばしば最上階の五階・六階）に集団入居した。

＊2 この時代までは、粥麵専家、焼蠟飯店など専門店中心だったが、この頃から茶餐店《ちゃつあんてん》（カフェ・レストラン）と称する新顔が登場。コーヒー紅茶・スイーツから粥・麵、焼蠟、料理一般、はてはスパゲティーからステーキまで、みな一つの店で出すようになって、これが香港を席巻する。

焼臘飯店　店頭では各種ローストの計り売り（上）。店内では、白飯の上にのっけて食べさせる。
粥麺専家　ここは粥部門の調理場（下）。大鍋から手鍋に取り分け、具を入れ煮立てて一丁上り。

澳門の眠り

いまみたいに中国との往来がまったくなんでもないことになるまえは、香港人が気軽に遠出のできるところといえば、澳門《マカオ》しかなかった。たまには気晴しに出ようか、といえば、これは澳門へ行くことをさしたし、澳門へ行ってきましたよといえば、ちょっと命の洗濯をしてきたという意味になったのである。香港人が澳門ということばを聞いたときに感じる気分は、ひと昔まえの東京人が、熱海や箱根ということばを聞いたときの気分に、あい通じるものがあるかもしれない。

もっとも、熱海や箱根に行ってきたひとに、もうかりましたか？　とたずねても、相手は奇妙な顔をするだけだろうが、澳門帰りにはみなそう声をかける。それが香港の習慣だといっていい。カジノ、ドッグレース、それにハイアライという賭け球技。澳門へ気晴しに行くということは、とりもなおさず、バクチをしに行くということなのであって、これだけは昔も今も変わらない。

ときどき誤解しているひとがいるのだけれども、香港も日本と同じくギャンブルは禁制。麻雀はお目こぼしにあずかっているものの、競馬以外に合法的なバクチは存在しない。そこで香港人は、気晴しと称していそいそと澳門行きの船に乗る。

海上をへだてること六十キロ、珠江《パールリバー》の河口の東岸にある香港と西岸にある澳門を結ぶ水上交通は、いまのところ三種類ある。[*1] いちばん速いのがジェットフォイル（ジェット水中翼船）で四十五分。つぎがハイドロフォイル（水中翼船）で、七十五分。ご用とお急ぎでない方には普通のフェリーもあって、これは二時間半から三時間。便によってはそれ以上かかることもあるが、運賃はこれがもっとも安い。

時間のない観光客などは、ジェットフォイルで往復するしかないが、ここはひとつ思いきりエレガントにやりたいなと思ったら、フェリーの特等で行くのがいいというひともいる。なんでも、香港の遊び人たちのあいだでは、週末の夜の最終便の特等個室を予約しておいて、軽く一ぱいやったあと、ふたりづれで船上のひととなるのが、昔からイキなやり方とされているのだという。ゆれてゆられて数時間、着いたら夜通しカジノで遊んで、朝は一番のジェットフォイルでさっと香港へ帰る。

なるほど、たしかに気は利いている。だが、そこまでスタイリッシュに演出して乗りこむ場として、澳門のカジノがふさわしいかどうかはまた別問題だろう。なにしろ、じつに庶民的というか、バクチ場的というか——。気がおけなくていいというひとがある反面、どうもわびしくていけないというひともいて、評価は分かれる。

たとえば、大理石の柱列にまばゆいシャンデリア。フロアではタキシードの男やイブニングの女がルーレットに興じ、バカラのテーブルのすみでは、伯爵未亡人がフッとため息をついている——。といった光景をアタマに描いてここのカジノへ足を踏み入れたひとは、がっかりするよりなにより、一瞬アッケにとられてしまうだろう。

床の黄色いカーペットは、こびりついたチューインガムで、まるで豹の毛皮さながら。その上を、ちびたつっかけやゴムぞうりがかっ歩する。カジノは、ホテルの中など数か所にあるが、どこも様子は大同小異。おなじみゴルフズボンの尻ポケットに札入れをぶちこんだ日本人観光客のいでたちも、ここでは上等といっていいくらいなのである。

しかし、いまわしいカジノを一歩出れば、澳門の街並はしっとりと落着いていて、けばけばしい香港の街を見慣れた目には、なにもかも心地よい。南欧風の広場と石だたみの坂道。くねくねと折れ曲った細い小路をたどって行くと、そこがリスボンのアルファマ地区だといわれても信じてしまいそうな風景に、そこここで出会う。人びとは朽ち果てた街に自分をあわせて、静かに暮している。澳門はカジノで生きる街である。だが香港のように、社会そのものが、野望と失意をのせて回転する巨大なルーレットであるわけではない。

澳門　いたるところに残る、古い南欧風の街づくり。下は、街角のポルトガル語の標示。

ポルトガルが、珠江デルタの一角に、文字通り猫のひたいほどの土地を獲得して、そこを極東の根拠地にしたのは四百年前。世界史からはとうに忘れ去られ、いまでは本国もこの小さな領土をなかば投げだしている。[*2]澳門の静けさは、生まれかわることも消滅することもなく、行きだおれたそのままの姿で横たわる植民地の静けさだ。

大航海時代の帆船を浮かべた遠浅の入江の水深が、近代船の吃水に足りなくなったときから、この古い港は急速にさびれていった。貿易船は珠江の対岸にイギリスが発見した新しい良港へ向かうようになり、二度と澳門へもどっては来なかった。

海岸通りの中腹にある古い小さなホテル、ホテル・ベラヴィスタのテラスから、黄色い水をたたえた入江に沈む夕日を見る。すると、高い帆柱にクルスの旗をつけたポルトガルのガレオン船がいまにも岬の鼻を回って姿を現わしそうな、そんな気がしてくるのである。

*1　香港・澳門間が長大な海上橋で結ばれ、車でいけるようになった今日では、すべて昔語り。一部に高速船の便も残ってはいるが、鈍行のフェリーはとうの昔に姿を消した。

*2　香港返還に遅れること二年、一九九九年に中国に返った。

オーシャン・ターミナル

いまどきなにをモノ好きなと笑われるかもしれないが、一九七六年にはじめて香港へやってきたとき、私は横浜からわざわざ船できた。かりにもそこで暮してみようという気持ででかけるからには、飛行機で時間を飛んでゆくのではなくて、船で空間をじっくりたぐり寄せながらたどりつきたいと思ったからである。船旅は、当時、年に四回だけ横浜と香港を往復するソ連船で四泊五日かかった。

それよりずっとまえ、フランスにいったときも同じ考えでそうした。もっともそのときは大インチキで、イギリスまでは飛行機を使い、申しわけに英仏海峡のいちばんへだたった二地点を選んで、サザンプトンとルアーブルのあいだ（八時間）だけ船に乗ったのだった。

その後香港へは空からも何度か降りたったが、やはり香港行きは海路に限ると思う。海からでないと、香港は中国大陸の一角にあるのだというだいじな事実が、うまく実感できないからだ。台湾海峡から、緑の山と入江がつづく華南の海岸線をゆっくり南に下った船が、ヴィクトリア港のせまい入口、鯉魚門《れいゆむん》を入ってゆく。するとその内側に突然、まったく唐突に超過密の大都市が出現する。それがどれほど不自然なことであるかが、時間を飛んで空からポンと降りたのではわかりにくいからである。

ヴィクトリア港に入港した船は、それが客船なら、かならずオーシャン・ターミナル（海運大廈）に接岸する。[*1]オーシャン・ターミナルは九龍半島の突端、天星碼頭《スター・フェリー・ピア》の東側にあって、あの世界一周クルーズのＱＥⅡ（クイーン・エリザベスⅡ）も、私の乗った六等片道二万五千円のバイカル――五千トンも、同じ客船である以上はみなここに着く。

香港島の側には、桟橋がない。だからその昔、欧州航路の定期船がしげく寄港した当時も、やはり船客はいったん九龍に上陸し、それからフェリーでみなとを横切って香港島に渡った。

昭和のはじめに箱根丸で着いた高浜虚子は、こうのんびりと書きのこしている。

「甲板から見た香港の景色はよかった。家は海岸から山腹に連り、頂上迄達しておる、それが皆岩の上に煉瓦やコンクリートで建っているのでみるからに美しい眺めであった。我船の繋っている九龍というのは香港島の対岸の大陸の方であって、沢山の船が彼我の間を往来していた。大分暖《あたたか》になって居る筈なので、薄いシャツ、袷《あわせ》に着替え、外套も夏外套に改めて出掛けた。

沢山船のかかって居る中に、駆逐艦の夕霧が碇泊して居るのが目に止った。外に仏国の駆逐艦が二艘かかって居た。昨日我船に追い越された常盤丸が、もういつの間にか別の桟橋にかかっているのが見えた。長い長い九龍の波止場を歩いて、スター・フェリーという渡舟に乗った」


むろんこのときは、オーシャン・ターミナルなどというものはまだない。戦後につくられた映画『スージー・ウォンの世界』にでてくる桟橋も、虚子のころとあまり変っていないように見える。映画の冒頭で、船からタラップを降りてきた画家のウイリアム・ホールデンが、そこからスター・フェリーの方へ歩きだす（そしてフェリーのなかでスージーに出会う）あの桟橋である。

その後桟橋のうえには、その長さいっぱいにビルが建ち、オーシャン・ターミナルと名づけられた。その結果、ウイリアム・ホールデンが歩いた波止場は、ショッピングセンターやレストランをつめこんだ俗悪な「駅ビル」と化し、船は、数百メートルも海中に突きだしたむやみと横に長いビルディングに接岸するという、奇妙なことになってしまったのだ。

変ったのは桟橋ばかりではない。あたりのようすも一変した。あの映画の頃にはなかった新しいホンコンホテルや、馬蹄型をしたオーシャン・センターなどができ、それぞれ十数階もある建てものが内部で連絡しあって、オーシャン・ターミナルとともに全体でひとつのビルディング・コムプレックスをかたちづくるまでになった。

もう、そのあたりにかつての波止場の気分を伝えるものは、なにもない。そして、かんじんの船の時代がとうに終ってしまっている以上、たとえそこに豪華客船が着くことがあっても、それはすでに波止場とはいえないのである。

水に浮いてはいるものの、あのQEⅡなどはたんなる巨大な観光バスの一種にすぎない。そんなものをわざわざ見物してなんになろうか。多くの香港人はそう考えていて、オーシャン・ターミナルに豪華客船が着いたというニュースを聞いても、ふつうはまるで関心をもたない。

私も、ある日偶然に、そのQEⅡの姿を、いつもとちがう気分でいつもとちがう角度からながめるまではそうだった。

オーシャン・ターミナルにつづくビルディング・コムプレックスの一角に、九龍ではわりと規模の大きい「海運《オーシャン》」という洋画専門の映画館がある。その晩、そこへなんという映画を観にいったか覚えていないところをみると、たぶんとるにたりない映画だったのだろう。そのつまらない映画が終って、客席の両側に並んだ非常口がいっせいに開け放たれた。香港では、映画を観おわった客は、入ったときとは順路のちがう非常口から一度におもてへはきだされる。非常口はたいてい、折れ曲ったせまいコンクリートの露地か、ビルの裏の暗い袋小路につづいていて、どうかすると映画館が面している通りとはまったく別の裏通りへつれてゆかれてしまう。[*2] またそれは、映画館の暗闇から現実世界へもどる途中にしかけられたある種の迷路でもあって、観客たちはちょっと不安な気分になりながら、そこを通りぬけて帰ってゆくのだった。

その「海運」という映画館の非常口の先は、ほんの数十メートルほどで、オーシャン・ターミナルのつけ根の岸壁である。

ゾロゾロと前へ進む帰り客に押されながらおもてへ出ると、つめたい海の香りがした。そのときである。ふっと顔をあげると、ビルに切りとられた細長い空間が夜のみなとへひらいたそのすぐ先に、とほうもなく巨大なものが、空から降りてきた大宇宙船のようにこちらを向いてうずくまっていた。黒い小山のようにたちはだかるへさきと、サーチライトに照らしだされた高い船橋。それは船だった。世界最大の客船、QEⅡが、思いもかけない登場のしかたでそこにいた。

フェリーニの『アマルコルド』のなかに、夜の海を小船で沖へ漕ぎだしたまちの人びとがあおぎ見る目の前を、灯をともした巨大な客船がまぼろしのように通りすぎてゆくシーンがある。映画のなかの人物は、その圧倒的なものの出現に我を忘れて涙を流すのだが、私もその晩、そこで同じ感情にとらわれていたといっていいと思う。興奮していたのは、なにも私ばかりではない。まわりの香港人たちも、まるで映画館の暗闇でみていた遠い異国の夢がまだつづいているかのように、うつけた表情でビルの谷間から巨船を見上げていた。つぎつぎに館内からはき出されるひとの流れはしばしとどこおり、あちこちで嘆息がもれた。ぼうぜんと立ちつくすひともいる。その場には、なにか敬虔な気分さえただよっていた。

とうに失われたはずの船にまつわる神話的なちからが、少なくともQEII級の船には、まだ存在する。その晩以来、私は認識を改めた。

QEIIは、おそらく年に一度か二度、世界一周クルーズの途上、香港に寄港する。船客たちはおおむね、いかにも金とヒマのありそうな西洋人の老カップルで、細いステッキをついた老人と白髪の妻が寄りそって高いデッキを散歩しているのを、スター・フェリーの船上から見たことがある。船というすでに老いた乗り物と、老人の船客とはウマがあう。

QEIIにとってのヴィクトリア港は、いまは亡き〝姉〟の眠るゆかりのみなとでもある。よく知られているように、先代のQEIは、十なん年か前に回航先の香港で船火事を出して沈没した。その巨体が最後に力つきて横転したのは、みなとのはずれの静かな入江の奥で、それから何年ものあいだ、彼女は赤く焼けた無惨な船腹を見せてそこに横たわっていた。

その後スクラップが始まって、まず水上に出ていた部分がコマ切れに切断され、解体されていった。やがてさしもの巨体も水面からまったく姿を消し、作業は水中に移ったが、しかしヘドロの底深く埋った部分だけはついにひきあげることができず、結局、数千トンの鉄塊がそのまま放置されることになった。

解体が終ったとき、英字新聞は「女王、香わしき港《フラグラント・ハーバー》の泥深く永遠に眠る――」と哀惜をこめて書いた。どちらにせよQEIは、退役してスクラップされる運命にあった。そのことを思えば、むしろこの最期は彼女にとって幸福なことではなかったか、というのが記事の主旨である。

イギリスが七つの海に君臨した時代はもう二度と帰ってこないし、世界のみなとにユニオンジャックがひらめくこともうない。しかし、かろうじて香港はこうしていまもある。さすればこの美しい中国のみなとに傷心の老いた女王がさすらってきたのも、故ないことではない。彼女は過去の栄光とともにみずからをここで水葬に付したのである。眠れ女王よ、ユニオンジャックの下で。香わしき港の水の底で――と、新聞は亡き女王にすこぶるやさしかった。

ヴィクトリア港をはじめ、沿岸にちらばる「中国の美しいみなと」がイギリス船の輝かしい活躍の舞台となったのは、十九世紀の大帆船時代である。アヘン貿易、そしてあのティー・クリッパーといわれる茶の積み出し船が、スピードレースにしのぎをけずったものだった。

当時の茶の積み出し港は、はじめのうちが広東と黄埔、それにマカオで、のちに上海と福州がその中心になった。その年にとれた新茶をいち早くイギリスに運ぶために設計されたティー・クリッパーは、通常三本のマストをもち、船足はとりわけ速い。その後ウイスキーの銘柄にもなり、帆は風をはらませて疾走する姿をびんのラベルにのこしている有名なカティー・サークも、このティー・クリッパーだ。

快足を誇るティー・クリッパーが、中国沿岸とロンドンのあいだをどのくらいの所要日数で航海したかという記録がある。

福州発　八十九日
上海発　九十日
マカオ発　八十八日
広東発　九十九日

（杉浦昭典著『大帆船時代』中公新書）

いずれも最高タイムだが、マカオと香港はほとんどとなり同士なので、おそらく香港発でもほぼ同じ日数でロンドンに達したはずだ。ちょうど三か月である。スエズ運河が開通する以前のはなしだから、コースは、南シナ海からジャワとスマトラのあいだのスンダ海峡をぬけ、インド洋を突っ切ってアフリカの喜望峰を回り、そこから北上して英仏海峡に入るという長大な航路だった。

ちなみに、同じころようやく実用になりはじめた汽船は、福州とロンドンのあいだを八十六日で走っている。帆船と汽船が、まだまだ勝負になったいい時代である。しかしぶかっこうな汽船が優美な帆船を駆逐するのに時間はかからなかった。

大帆船の時代が汽船の出現とともに去って、そしてあの七つの海をかけめぐったオーシャン・ライナーも、飛行機の時代とともに死にたえた。外洋客船が活躍したのは、今世紀の初めから半ばまでの、わずか五十年である。「中国の美しい港」はのこったけれども、波止場はビル街に変じ、桟橋はオーシャン・ターミナルになってしまった。そこはもう、交通機関としての船が発着するところではない。いずれ「上陸」ということばも、消えてゆくことだろう。

上陸し相逢ふ客や更衣　　虚子

俳人が九龍の土を踏んだのは、初夏だった。

＊1　旧啓徳空港の海に突き出た滑走路の跡地に、巨大なカイタック・クルーズ・ターミナル（啓徳郵輪碼頭）が開場して以降、オーシャン・ターミナルの地位は相対的に下落した。

＊2　火災時の避難路確保のため、映画館はかならず二つの道路に接続していることが法律で定められている。

Ⅱ　香港街路考

九龍／油麻地《やうまあてい》　廟街《みゆうがい》　午後9時40分

「両本十五元！　両本十五元！」

　二冊で十五ドルだといっている。暗がりから聞こえるポルノ売りのくぐもった声の周りに、押し黙った男たちの頭が集まる。おずおずと台の上の一冊を手にとって、ランプの光にかざしながら、ページをくる者。それを肩ごしにのぞきこむ者。ネタは洋モノ。デンマーク製から勝手にいただいて、それを縮小印刷したカラー・ポケット版だった。

　ここ廟街のナイトマーケットはその規模で香港最大。毎日夕方から夜中まで市が立つ。佐敦道《ジョーダン・ロード》から入ると、はじめの四百メートルばかりは男物衣料が中心で、面白くなるのは、その先の天后廟の周りからである。占い師、漢方薬の実演販売、街頭歯医者、そしてポルノ売り。むろん、食べものを売る屋台もたいへんに数多い。

　木瓜《パパイヤ》をひと切れ買う。歩きながら、赤い果肉をほおばり、客のふりをしながらその手を売り物のTシャツでぬぐって、そ知らぬ顔でまた歩いた。

電影

映画がはじまったら、冷房のきいた涼しい暗闇のなかで、まずゆっくりとたばこに火をつける。香港の映画館は、どこでも上映中にたばこを吸っていい。「NO SMOKING」のサインがないわけではないが、たばこは大っぴらである[*1]。そこで、リラックスしていい気分になっていると、突如として暗い場内からいっせいに「アイヤーッ」と悲鳴のような声があがることがある。しかし別に火事や停電というわけではない。これは香港の観客が香港の流儀で、映画に反応しただけなのである。この「アイヤーッ」が、慣れないうちはひどく気になった。それがこのごろでは、映画館に入って最後まで一度もこの声がきかれないと、なんだかさびしい気さえする。

もっとも「アイヤーッ」は、映画館専用のかけ声というわけではなくて、中国人が驚いたり予期しない事態にでくわした時には、いつもこの感嘆詞が口をついてでる。ただそれが映画館のなかでは、期せずして大合唱になってしまうので、ちょっと異様字で書けばみな同じだが、この「アイヤーッ」にもいろいろあって、たとえばスクリーン上のヒーローが、背後からの卑怯な不意うちにあってどうと倒れてしまったとき。このときは高い調子で、哀切のこもった抑揚が長く尾をひく。それが暗い場内にしみいるように伝わってゆき、観客は心をひとつにして不運なヒーローをいたむのでなのである。

また、これとはまったく反対に、低い調子からもちあげるような抑揚で、含み笑いとともにこの声が発せられるようなら、さしずめスクリーンでは落花ろうぜきの最中。娘の衣服はあれよと引き裂かれて……と、こういう場合が、この「アイヤーッ」で、日本人なら「あれまあ……」というところだろうか。いささかとぼけた感じにである。

とはいってもこの「アイヤーッ」が、香港の映画館ならいつでもどこでも聞かれるというわけではない。まず、観客がわれを忘れて引きこまれるぐらい映画がおもしろくなければだめだし、おもしろくても、フランス映画の問題作などでは観客の階層がちがうらしくて、「アイヤーッ」はめったにでない。

相性がいいのは、やはり地元香港製の広東語映画である。となれば内容は、カンフーかギャングかドタバタで、映画館は下町のまんなか。つまり私が日頃かよいつめているようなところが「アイヤーッ」の本場だということになる。

香港の映画館は、夜の部の第一回目が、七時半からはじまる。そして、たまたま映画にいこうかと思いたった時刻がすでに七時をすぎていたとしても、ここ香港でなら、まだあきらめる時間ではない。たとえば、九龍サイドに住んでいた私の場合だと、その時間からフェリーに乗って香港サイドへ渡るのはたしかにすこしきついが、近くの映画館にしようと決めてしまえば問題はまったくなかった。もういちど寝っころがって、新聞の映画広告をじっくり検討する時間も充分にある。

さて、今晩はなにを観に行こうか——。

中国語の新聞しか手元にない場合、洋画の広告はいささか判じ物めいてしまうのだが、たとえば『野性艾曼妞』なる映画は、「野性のエマニュエル」のことで、これは、元祖エマニュエルとは別人の「脱星」——すなわち「脱ぐ星《スター》」が主演するB級ポルノである。こんなものを観に行く気にはなれないが、しかしこの「野性のエマニュエル」は、宣伝文句がなかなかふるっている。いわく——

同性相戀
異性相吸
叢間池畔
春色無邊

まず感心したのは〈戀〉〈畔〉〈邊〉で作法通りちゃんと韻をふんでいること。つけ足し五行目の「兒童不宜」は、訓じれば「兒童《こども》ニハ宜《よろ》シカラズ」で成人映画だと断っている。たいへんわかりやすい漢文だが、いちおう日本語にホンヤクするとこうなるわけだろう。

オンナ（オトコ?）同士が恋しあい／男と女が吸いあって／草むら、池のほとりでも／ピンクピンクのまたピンク／子どもは見にきちゃいけないよ

新聞広告をためつすがめつしても、これというのにであえない。そういうときは映画館の前の看板とスチールを見てから決めることにして、ともかくゴムぞうりをつっかけて下の通りへ出る。なにしろいったん表へ出れば、歩いて五、六分のところに三つも映画館がある。ここらへんがつくづく香港のせまくて便利なところなのである。

日が落ちてもいっこうに涼しくならない通りをブラブラ歩きだすと、顔見知りの写真館のせがれが、店のなかから私をみつけて声をかける。

「去喺邊度呀?」（ドコヘ去《ゆ》クカ?）

「睇戲!」（エイガ睇《み》ニ!）

するとこの若者は、歯をむきだしてバカ笑いをはじめ、行きすぎる私の背中にむか

って、大きな声でなにか叫ぶのである。なにをいわれたのかわからなくても、見当はつく。以前ポルノ映画から出てきたところをみつかって以来、彼は、私が外出するたびにはやしたてるのを、いわば無上の喜びとしているのである。

いちばん近い「寶石戲院」のまえは、開演時間をまえに、ガヤガヤとひとがたむろして、ポスターやスチールにながめいっている。この連中もまた私同様、晩飯のあとでフラリと家を出てきた組で、ここの香港映画がおもしろそうでなければ、二、三百メートル先で洋画をやっている「國華戲院」か、その先の「金門戲院」へ回るという手がある。

さて、どうしようか。私が思い切り悪く決めあぐねているうちに、人びとはスチールをひとわたりながめて、ひどく無とん着にキップ売場へ向ってゆく。香港の観客は、映画《フィルム》をみにくるというより、映画《シネマ》そのものを楽しみにやってくる。だから、この映画でなければならないということも、べつにないのである。日本ではとうに失われてしまったこういう映画館とのつきあいかたが、ここではまだ生きている。

テレビの普及以来、香港でも映画の観客数はのびなやんでいるが、それでも日本ほど急激な映画館の凋落はなかった。凋落をおしとどめているのは、この途方もないまちがその身に備えている、まちの体力である。

日本人の映画ばなれは、テレビにとってかわられたというより、映画が君臨するまちの空間から、テレビが支配するマイホーム的空間へ人びとが退いてしまったときから始まった。まちが落ち目になれば、映画も落ち目になる。

現在香港には、ぜんぶで六十から七十くらいの映画館がある。[*2] 大部分は香港島と九龍にあり、うちわけはほぼ同数ずつで、残りが、新界にちらばっている。いわゆる洋画（外国映画）専門館と香港映画専門館、それにごく少数の中国系映画館があって、こういうところにひと昔前なら『白毛女』、いまでは中国製スパイ活劇などがかかる。

香港映画専門館のなかには、おなじみ香港映画の老舗〈邵氏〉（ショウ・ブラザーズ）の直営館や、〈嘉禾〉（ゴールデン・ハーヴェスト）のチェーン館があり、そこで毎週それぞれの新作が封切られる。

興行はすべて一本立て、一日五回上映が標準で、十二時半、二時半、五時半、七時半、最終回が九時半である。これ以外に週末には〈午夜場《ナイトショウ》〉があって、さらに十一時半からもう一回やる。またナイトショウにたいして〈早　場《モーニングショウ》〉をやっているところもあるが、これは割引料金で毎朝十時半。日替りでB級外国映画や香港製の旧作をかける。

しかしこれほど映画がさかんでありながら、香港には、日本のいわゆる名画座にあたるものはないから、封切りを見逃がすと、次にであうチャンスというものはほとんどない。その点はすこぶる不便だが、そのかわり日本のような映画館の格づけというものもなく、超デラックスな劇場もなければ、うらぶれた三流館もない。いってみれば、民主的なのである。

そのうえ料金がまたなかなか民主的であって、〈前座〉、〈後座〉、〈超級〉と三段階に分れているのだが、いちばん高い〈超級〉でも日本の半額ていど。むろんぜんぶ指定席である。東京でロードショウに大枚はたく方には申しわけないが、香港でならスピルバーグの最新作も、コッポラの問題作もせいぜい数百円。しかもたいてい東京より早くみることができるのである。

香港というところは、まったくもって映画というものとそりのあったまちなのだが、映画館が建ち並ぶ市街は、映画の消費地でもあり、同時に生産地でもある。なにしろ香港は狭いところなのでしかたがないが、悪漢に追われて裏通りを逃げ回るドタバタ活劇のヒーローが、ひょいと大通りへ飛びだして、映画館のまえをかけ抜ける。おや、どこかで見た街並だなと思うと、なんのことはない。たったいま、くだんの映画を観ている映画館の前がロケ現場であったりして、観客一同「アイヤーッ」なのである。

＊1 むろん当時の話。
＊2 中心街の映画館は日本と同じくほぼすべて消滅。シネコン化している。

街市

あるとき、亭主の仕事ですでに一年ほど東京暮しをしている香港人の一家をつかまえて、たずねたことがある。東京に生活してみて、いちばん不便なことはなにか？満員電車か、それとも、まるで英語が通じないことか？

「ちがいます。東京の街には〈街市《がいしい》〉がないことですね」

つまり、毎日の料理に使う材料を買い出しにゆく、コミュニティーに密着した〈街市《マーケット》〉が、東京にはない。香港の市街にはいたるところにある、この便利な施設のない生活をしなければならなくなったこと、その点がいちばん困る。——と、即座にこう答えたのは、若い主婦のほうではなくてその亭主のほうだった。しかし、これはさほど驚くにはあたらない。

香港の男たちは、がいしてよく台所にたつ。そればかりか、ひまがあれば喜んで買い出しにも出かけるのだが、べつにこれはよい亭主たらんとしているわけではない。

むしろその反対で、女性蔑視の表われだとする声もある。この香港人の女房も、亭主を横目で見ながらその通りだという。

つまり、『随園食単』の袁枚《えんばい》先生がいうように、「一卓の佳肴は、料理人の功が六分、買出し人の功が四分」だとすると、料理はもちろん、買い出しという重要な仕事も、女などにはまかせられない。だから、家長がみずから出動するのである。こういう香港男にとって、大型スーパー全盛の東京は、さだめし味けないところにちがいない。

最近でこそ、一日一回という家庭が多くなったが、すこしまえまで、香港人はきちんと朝と晩の二度〈街市〉へ足を運んで、そのときに必要なだけの料理の材料を、そこでととのえたものだという。古い世代はまだこの習慣を守っているので、〈街市〉に依存して伝統的な食生活をする限り、いまでも香港では、もちたくないと思えば冷蔵庫をもたなくても暮せる。それが、一年じゅう冷凍のとうもろこしを買える東京の生活より、じつはどれほど豊かなことであるか。わが香港の買い出し亭主は、そういって東京暮しの身を嘆くのだった。

香港の〈街市〉はすべて公営で、政庁が直接管理し、入札で小売商にショバ割りをする。数あるそのなかから規模と重要度で代表的なものをあげるとすれば、まず香港島では、中環《セントラル》の中環街市、そして九龍では、油麻地《やうまあてい》にある油麻地街市ということになるだろうか。このふたつをのぞき見すれば、たぶんひとは、香港人の食にかける情熱がただものでないことを、あらためて理解するだろう。

さて、香港島の中環街市は、天星碼頭《スター・フェリー・ピア》から干諾道《コンノート・ロード》を西へ四百メートル行って、そこから山側へ租庇利街《ジュビリー・ストリート》を上ったところにある。銀行や航空会社の集中する中環からややはずれて、徳輔道《デボー・ロード》に面した一ブロックに建つ三階建ての古めかしいビルがそれだ。[*1]東京でいえば日比谷か丸の内。一等地中の一等地にある関係で、ふつうはその周りを埋めつくすオープン・マーケットが、この〈街市〉だけにはない。

その点でここは特殊だが、香港ではもっとも歴史があり、入荷する生鮮食品の量よりもその質で、一目置かれている。出店数は、ビルのなかだけだが、それでも三百。一流といわれる酒楼《レストラン》は、たいていここで毎日の仕入れをする。午前の早い時間、買い物客でごったがえす場内の通路を、ひとめで極上品とわかる野菜や肉を山と積んで、各有名酒楼専用のカートがしずしずと行くさまは、一見にあたいするかもしれない。

北は内蒙古産の羊から、近くは広東省の野菜、さらにタイ、マレーシアからくる熱帯の果物まで、品ぞろえでは、この〈街市〉が香港一。香港人がいかに食べものにカネをつぎこんでいるかはよくわかるが、しかし、それだけにここは、香港の典型的〈街市〉の気分にはいささかとぼしいうらみがある。

では、どこにでもあるティピカルな〈街市〉というのは、どういう見取り図になっているのかというと、どこでもまずその空間の中心に、核となる建物がある（中環街市の場合は、それだけしかない）。香港島や九龍の人口密集地にある〈街市〉では、たいてい三階から四階建ての、駐車場ビルのような外観をしたコンクリートの箱である。それ以外の地区では、倉庫のような細長い平屋が〈街市〉の核で、それが、二棟から三棟並んでいる。

この建物のなかで扱われるのは、ふつう鮮魚とトリ（鶏・家鴨・鳩・ウズラなど）、それに猪《ブタ》・牛（さらに羊）の肉部門だけ。ビルの場合なら一階が魚、二階がトリというぐあいに、また平屋なら棟ごとに品目は画然と分かれ、それぞれの部門に数十から百ちかい小売商が入って、ずらりと間口一間ばかりの小さな店を張っている。

この建物をとり囲むように、あたりをびっしりと埋めつくし、さらに付近の通りへ長く押し出しているのが、〈街市〉をかたちづくる第二の要素——オープン・マーケットで、この青空部門で扱うのは、おもに野菜と果物。ほかに乾物や調味料などの店が加わり、中心から離れて外縁に行くにつれ、ナベカマ・食器のたぐいや日用雑貨を商う店が、そこに入り混る。

そして、さらに規模の大きな〈街市〉になると、そのまた外側の一角に、衣類や生地、小間物屋などが、同業どうしでかたまって、集団で出現する。かくて〈街市〉は、菜っぱからパンストまでなんでもそろった、一大デパート空間に成長するわけだが、最初にその名をあげた九龍の油麻地街市は、そのモデルケースといっていいだろう。油麻地地区は九龍半島のなかほど、半島の中央を南北に走る大通り・彌敦道《ネイザン・ロード》の西側一帯の下町で、〈街市〉の本体になる三階建ての大きな建物は、汚れた雑居ビルが立ちならぶ甘粛街《カンスウ》と新塡地街《リクラメーション・ストリート》に面してある。そこから彌敦道寄りに二本先の廟街《テンプル・ストリート》は、夜毎、数百メートルに渡ってナイトマーケットが立つ通りとして、観光客にもよく知られている。

油麻地街市のオープン・マーケットは、新塡地街をいっぱいに埋めて、全長約三百メートルにおよぶ。左右のビルから毒きのこのように通りの上空へ伸びた極彩色の看板の下で、早朝から暗くなるまで、買い出し客と売り手が、大根一本をはさんで丁々発止とやりあっているのがここだ。とくに、人出の多い夕方には、しばしば通りは身動きもならないほどで、客の叫びと売り子の声がリーンとビルの谷間に反響して〈街市〉全体をすっぽりと包む。

そこでは、野菜の土の臭いと魚の臓物の臭いと、そして脂肪の臭いと叉焼《ちゃしゅう》の甘い香りが入り混り、それがえたいの知れないなま温かい風となって、ぶつかりあって歩く人間の肩の高さを吹きぬけてゆく。雑踏のなかで、小さな川魚の切り身とひと束の青菜をむきだしのままぶらさげた老人が、背を丸めて立往生している。川魚の切り身が、

街市　これは平屋の連棟タイプ。棟によってトリ類，肉類，魚類など，扱い品目が異なる。

オフィス帰りの共稼ぎ主婦のスカートを、ベチャリと汚す。しかし誰も、そんなことにとんちゃくはしない。それが香港の〈街市〉だ。

そして、こうした活力のある混沌を生みだすために貢献しているのが、もうひと組の売り手たち——行商人たちである。人出の多い時間になると、どこからともなく車輪のついた乳母車式のカートに品物を満載して集まってくる彼らは、〈街市〉空間をさらに活性化させ、そこにうねりと変化を与えるいわばマーケットの第三勢力。あちこち移動するところから〈流動小販〉ともいわれる。

扱うブツは、果物や野菜から、プラスチック玩具、さらにTシャツなどまで種々雑多。揚げものや焼売、おでんのたぐいを立ち食いさせる屋台の数も、たいへんに多い。買い手にとってはどっちでも関係のないことだが、この手の流しはたいてい鑑札なしのモグリ営業。その点で、青空とはいえ、出店料を払い、半永久的な固定式の〈檔《とん》〉〈露店〉を構えるマーケットの正会員とは、参加のしかたを異にする。

したがって、〈流動小販〉の天敵は〈街市〉を管理する役人とパトロールの警官である。その制服が、通りふたつ先の角に現れたとたん、乳母車式カートは、お互いに警報を発しあって、人込みのなかを一目散にずらかるのだが、そのすばやいことといったらない。しかし、付近に制服の姿がないときの街角は、彼らの独擅場。そこここで大声を上げて客を呼ぶこのゲリラ商人たちは、まちがいなく〈街市〉空間の一方の立役者である。それを知っている正会員たちは、彼らの存在を自然に受け入れていて、追いだすそぶりも見せない。〈街市〉には自治の空気がある。

ところが、こうしたかたちの小売マーケットというものが、東京にはまったく存在しない。だから不便で困る、というのが冒頭の香港人の話だが、「いったい、どういうわけで、ないんですか？」と、彼はしきりに首をひねるのである。たしかにアジアの諸都市には、香港ほど多くはないにしても、かならず、しかるべき場所にしかるべき大オープン・マーケットがあるのだが、しかし、この東京にはない。なぜだろうか。

その理由としては……。そうだ、あれは南の暖かい地域の都市にだけ発達した文化なのではあるまいか？　東京は寒すぎる。

「そんなことはありませんよ。ソウルにだってあるんですから」

この思いつきを、香港人氏は一蹴した。たしかにその通りだ……。じゃあ、流通機構が未発達で、近代化がいまだ遅々としている国ぐに。マーケットが機能しているのは、そういう地域の都市だ、という考えはどうだろうか。

「それもヘンですね。だって、パリにもちゃんとありますよ。モンマルトルやモンパルナスの路上にも、毎日食品の市がたちますもん」

これにも彼は納得しない。とにかく東京はこの一事において不完全な都市だという。

四日市だとか五日市だとかの、いまに地名の残る各地のマーケット・タウンは、こ

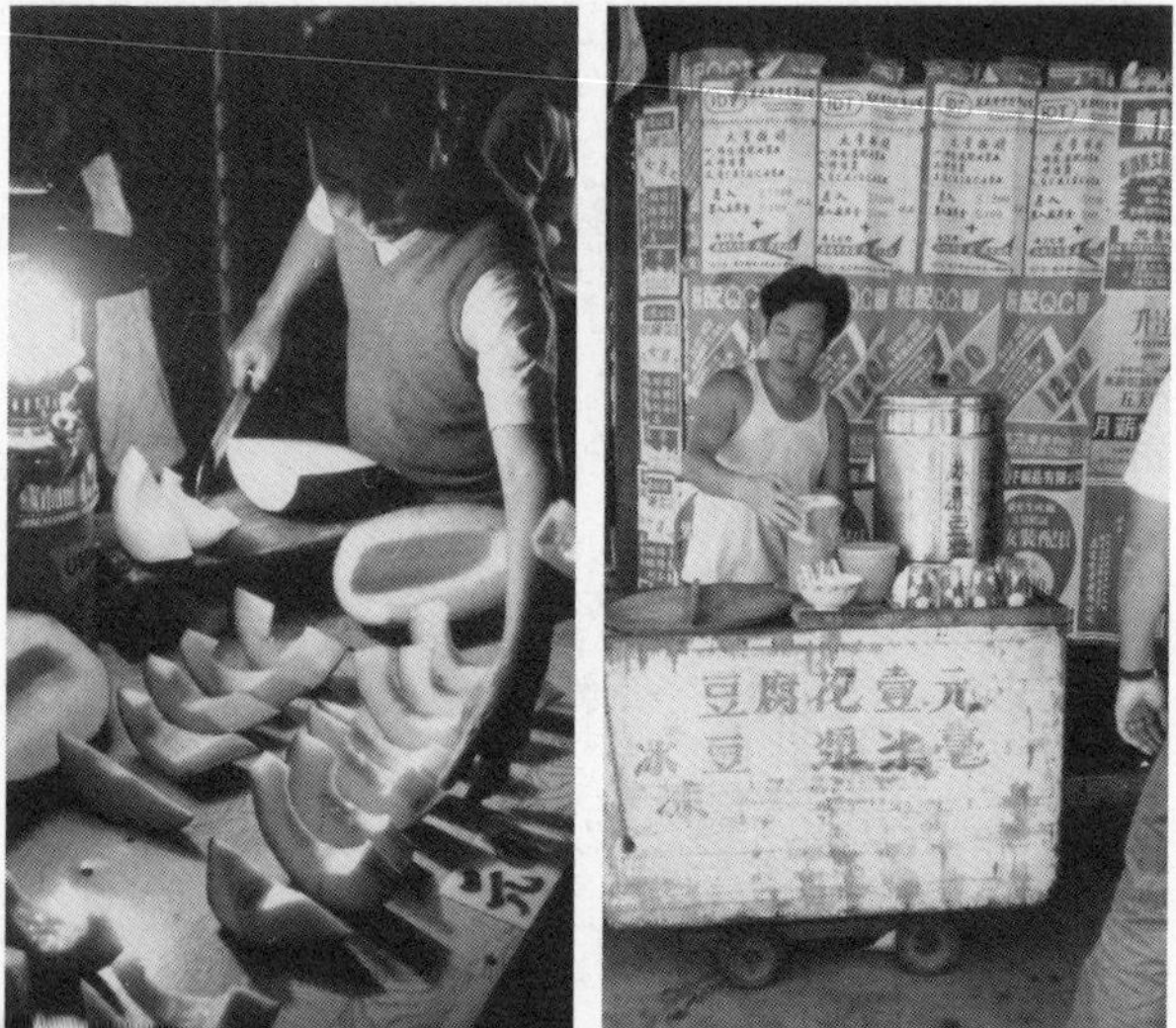

小販　豆腐花（蜜をかけた豆腐，右上）。哈蜜瓜（メロン，左上）。ジャンク・ショップ（下）。

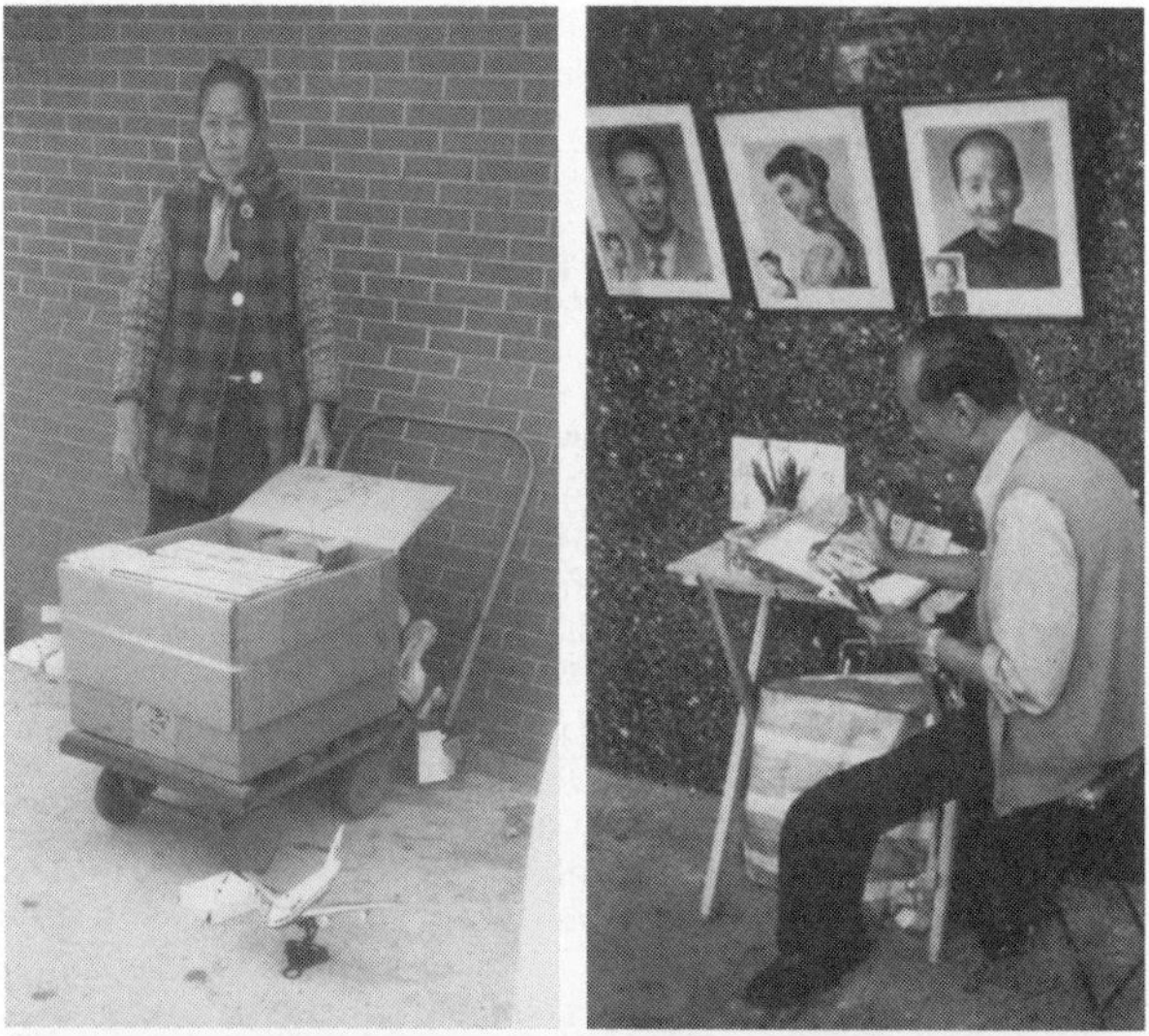

往来の商売　客を待つ（左上）。顔写真で肖像画制作（右上）。繕いもの（下）。

こでいう〈街市〉とは性格がちがう。こちらは、都市のなかに都市空間の一部として恒常的に存在して、消費者たる都市住民が出入りするマーケットなのである。

江戸時代、当時の江戸は、すでに百万単位の人口をかかえる、世界的な大都市だった。だとすれば当然、各所にマーケット・プレイスが出現していいはずだが、時代劇や落語・講談のたぐいには、とんとその手の話がでてこないのはどうしてなのか。一心太助が出入りしていた魚河岸は、あれはホールセール市場だったと思われるし、与太郎がガラクタを売りに出かけたのは歳の市だ。

祭礼のときの高市《たかまち》や歳の市、羽子板市や朝顔市なども、ここでいう〈街市〉型のマーケットではない。そういう年中行事に組みこまれた特別のマーケットなら、香港でも〈街市〉とはまったく別個に、それぞれのモノ日にちゃんと開かれているからだ。いまのところ思いつく限りでは、江戸・東京期を通じて、この都市の住人が〈街市〉を中心にしたライフ・スタイルをもったという証拠は見当たらないのである。

もし東京が、その昔から非マーケット型の街として、ずっとそれなしに発達してきた例外的な都市だったとしたら、それはどういう条件がそこにあったからなのか、またはなかったからなのか。香港人氏の素朴な疑問には、まだ説得力のある答えが見出せないでいる。

近年、東京で起ったただひとつの例外は、戦後の焼け跡マーケットだが、その最初の組織者のなかには少なからぬ朝鮮人たちがいた。異文化の血をひく発想がそこに働かなければ、あのマーケットがああいうかたちで東京に出現し得たかどうか。しかし、結局それがそれ以上の拡大も定着もせず、やがて衰退したところを見ると、日本人は、マーケットというものを中心におく暮しに、やはり不慣れな民族であるかもしれない。そして、その対極にいるのが、香港の中国人たちである。

現在、膨張をつづける香港の人口は、すでに五百万人を超えている。猫のひたいほどの土地にひしめきあうこの五百万人に、毎日食糧を供給する〈街市〉は、香港全域で約五十か所。それぞれの〈街市〉は、過密な市街のなかでその境界も判然としない各地区の、いわばヘソのような役割を果している。地区の中心にはかならず〈街市〉があり、だから〈街市〉を見つけたら、そこがひとつの地区の中心だと考えてさしつかえない。したがって、同じ〈街市〉のサービスエリアに住んでいるということは、西洋でいうと、同じ教会の教区に属しているという感じであって、日本でいうなら、それはちょうど同じ小学校の学区に暮しているという感じに近い。〈街市〉が、住人をその地域へ結びつけている。

しかし、これもうらをかえせば、もともと香港は、地域住民のコミュニティー意識などということはクスリにしたくもない植民地都市なのである。この〈街市〉のほかに、地域の住民が帰属するものなどなにもない。

そして、だからこそ、香港の〈街市〉にはあれほどの活力とエネルギーがあり、猥雑でホットで、そこへ足を踏み入れる者を興奮させずにおかない面白さがある。混乱とアナーキーの風が吹く〈街市〉空間は、まさに香港そのものであり、香港という都市のもつあらゆる性格は、すべて〈街市〉の人込みのなかに、高圧で封じ込められているといってもいいだろう。

この香港的宇宙のまわりを回るようにして、一軒ないし二軒の戯院《シネマ》と、毎朝〈飲茶《やむちゃ》〉をさせる大型の酒楼がこれもひとつかふたつある。小路の入口には、人出をあてこんだ麺や粥の〈大牌檔《たいばいとん》〉（固定式屋台）、そしてのんびり客を待つ青空床屋と、この風景は香港のどこのコミュニティーでもハンで押したように変わらない。

その求心力の生じる場としての〈街市〉を誰が支配するか。自由放任をいいながら、そこだけは管理下においたイギリスは、なかなか抜け目なかったということになる。

＊1　中環街市はその後閉場。残ったバウハウス風のガラスを多用したビルは保存され、アート・文化センターに衣がえした。

高密度都市

なんだ、なんだ。ここには酒楼《レストラン》と銀行しかないのか――。と、はじめてきた旅行者ならあきれるほど、香港の大通りには、やたら銀行ばかりが目につく。なかでも、ビジネスの中心地、香港島の中環《セントラル》。ここには、わずか二百メートル四方ほどの一角に、世界中の二百をこえる銀行や金融機関が集中している。

この銀行の密度ということでは、人口密度とともに、まず香港が世界では最高のクラスにランクされる。そして異常な密度で知られるものが、香港にはもうひとつある。なにかというと、通りをわがもの顔に走る最高級車、ロールスロイスの台数がそれで、これだけ狭い土地にこれだけ多数のロールスロイスがひしめく都会も、世界にまったく例がないといわれる。

銀行密度と人口密度と、それにロールスロイスの密度。この三つの点で度はずれているというところが、いかにも香港的といえば香港的である。つまり、銀行密度は香港社会のしくみを、人口密度は香港社会のちからを、そしてロールスロイスの密度は香港社会の夢を、それぞれ表わしているというわけなのだが、そのすべてがよって立つ原理はたったひとつしかない。ようするに香港を動かしているものは、ほかでもないおカネ。ここではおカネが唯一の神なのである。

おカネは、手段であって、同時に目的。最高の価値にして、最低の条件。もしくは、現実と抽象にまたがる一個のイデオロギーだといってもいいかもしれない。だから香港では、親子兄妹で牌を握るときでさえ、一回ごとの現金決済がルール。点棒なし、貸し借りなしの真剣勝負だ。マージャンは、ばくちというより、一局の人生ゲーム。社会と人間関係のシミュレーション。または生存競争の机上演習でもある。

というと、香港はおよそ非人間的で、なんの救いもないところのように聞こえてしまうが、それはちがう。日本のように、おカネに対する本音と建て前のひどい使い分けがないだけ、むしろ世の中の風通しはずっといい。なにしろ香港というところ、大金持ちも貧乏人も、元はといえばみんな流れ者。家柄や血筋をどうこういってもはじまらないので、ここではおカネのあるひとが、即、エライひと。ほかにエライひとはいないし、ほかの方法でエラくなることもできない。

ここは植民地であるからして、役人の上の方は、イギリス人が独占している。だから香港人には、はじめから出世のチャンスはない。そこで、日本なら本省のキャリア

發發發　8が三つ並ぶ縁起のいいナンバーのロールス。持主の十年前（?，下）を誰が知る。

を目ざすような野心ある有能な若者は、大学を出るとみなビジネス界に投じて、つまりおカネの分野で自己を実現しようと考える。その結果、一流の人材は経済界に集中して社会の尊敬を集め、やっぱりおカネもうけするひとがエラいひとだという常識は、ますます動かしがたいものになってゆくのである。

もともとおカネに国境はない。自由港である香港の存在とこの社会が結びついたらどうなるか。じっさい、香港人の国際経済にかかわる知識は、なまはんかな商社員顔まけ。驚くほど高い水準にある。

たとえば小販《しうふあん》と呼ばれる道ばたの露天商がいる。彼らは立派な国際経済社会の一員であって、プラスチックの玩具を路上に並べて商う老婆あたりでさえ、外人観光客がゆきかう通りであれば〈毎件《ひとつ》十二元《ドル》　US3$〉などと、ボール紙の値札に、米ドル換算のねだんをかかげることを忘れない。そして、何日かあとに同じところを通ると、その数日間の為替変動にあわせて、ちゃんと米ドルのねだんが修正してあったりする。老残の身は香港の路上にありといえども、目ははるかロンドンの為替市場の動きを毎日追う。これが、ありうべき香港人像なのである。

また、迷惑な話ではあるけれど、優秀なのはまともな商売人ばかりではない。最近はあまり聞かなくなったが、少し前まで、啓徳《かいた》エアポートからはじめてタクシーに乗る旅行者が、運転手にだまされるというけちなサギ事件がよくあった。いかにもバカバカしい手口で、たとえば〈4・50〉と出たメーターの数字を客に示しながら、運転手が、このメーターは米ドルだよ——とウソをつく。これに、外国のおカネにうとい日本人などが、けっこういてひっかかったものだという。

いわゆるダメもとで、うまくお客がだまされてくれれば、たちまち五倍近いもうけになるこのインチキ。これだって、米ドルと香港ドルの格差に注目した、いわばりっぱな国際為替サギの一種ではある。いくらエコノミック・アニマルの日本人とはいえ、しょせん畜生の身では、エコノミック人間の香港人にはかなうはずもない。

だが、こういう香港人にも、弱味がないわけではない。たまたま相手がよほどの大金持ちならかまわない。しかし、ふつうの香港人には、まちがってもお宅へうかがいたいなどといわないのが、つきあいのマナーだ。

まして、ひと晩泊めて欲しいなどというのはもってのほか。相当に親しい間がらになってもこれは禁句で、いえばいたずらに相手を困惑させることになるからである。

なぜ困惑させることになるのかは、こちらもウサギ小屋の住人、わからないわけではないが、とにかく香港の住環境のレベルは低すぎ、また香港人の体面とプライド、それに客をよくもてなしたいという思いは反対に高すぎる。

貧乏人も多いかわりに億万長者も少なくないこの香港で、いわゆる庭つきの一戸建て住宅というものは香港島に話を限ると、わずか数百戸だという。大金持ちでも市街地に屋敷を構えるのは容易でない土地がらだから、庶民の住居はすべて中・高層の集合住宅になる。下町では、3DKをひと部屋ずつ三家族で借りて、DKとトイレをいっしょに使うというやり方もめずらしくはない。

おまけに家賃は、ほかの物価にくらべて異常に高く、しばしば東京と同水準かそれ以上。したがって、未婚の息子や娘が家を出て暮すのはまず不可能だ。

また、香港は狭いところなので、どこへ就職しても実家から通える。そうなると、家を出るメリットも大してない。それに、なにはともあれ大家族主義は中国人の中国人たるゆえん。かくて狭苦しい住居に二世代、三世代が、ごちゃごちゃと暮すことになる。とても大事なお客を連れてくる条件にはないのだ。

極端に少ない土地と、極端に多い人口。この宿命を負う香港で、住宅行政のできることといえば、公共住宅の大量供給しかない。香港中のいたるところにある公共屋邨《エステート》、日本でいう団地に暮す住民は、総人口のほとんど半数におよぶ。家賃は低く押えられ、数千円からせいぜい一、二万円どまり。もちろん収入に制限はあるが、日本のように、途中で金持ちになったからといって追い出されることはない。金持ち化大いにけっこうで、むしろこれは団地のスラム化を防ぐ積極的な政策であるという。

で、その中身はどうなっているのかというと、いちばん小規模なものだと、床面積はせいぜい八畳足らず、よくあるタイプで、十二畳くらいだろうか。日本のマンショ

橋下の石塊　石塊でも墓石でもない（上）。宿無し連中のマイホーム建設許すまじ、の妨害用。
最初期型公営住宅　水道・トイレ共同（下）。最も古くて狭くて悲惨な、いわゆる難民アパート。

ン同様、廊下側とベランダ側にしか開口部のない、細長いうなぎの寝床形式で、ここにふつう三人から五人家族、あるいはそれ以上が住む。

なかでも、戦後の五〇年代に粗製濫造された初期のタイプはひどい。住居といっても収容所同然。ひと昔まえの香港ガイドによく写真が載った、洗濯物ヒラヒラの難民アパートなるものがこれだが、なんにもないただの四角い箱だから、炊事は石油コンロをもちこんでするとしても、トイレ、水道はみな各階にあるのを共用する。文字通りのコンクリート製集合掘っ立て小屋で、さすがにこれはひどすぎると、最近は古いものから建て替えが進んでいる。

その後にできたややマシな団地では、各戸に小さなキッチンもついているし、専用のトイレもある。しかし、すべてワンルーム形式であるところは変わらない。というと、日本の２ＤＫより貧しい感じがするが、かならずしもそうはいえない。実際は、がらんどうのスペースを背の高いつい立てで仕切って、１ＬＤＫとか２ＬＤＫにして使っているからだ。

べつに窮余の一策として、そうするのではない。それが、そもそも中国人の伝統的な住まい方で、香港ではこの形式の住居を唐房《とんふぉん》、西洋式にあらかじめ壁で仕切った住居を洋房《よんふぉん》などと、区別して呼んでいる。

むろん、高いといっても仕切りは天井まであるわけではないので、よじ登ればとなりはまる見え。プライバシー確保の点ではうまくないが、日本の襖や障子だって、元来これとそう大差はない。このつい立てで仕切ったささやかな個室に、鉄製の二段ベッドをそれぞれもちこんで、初老の夫婦と結婚した息子夫婦が、それぞれ上下で眠る。こんなところが平均的香港人の生活だろうか。

借りものの名前

あのブルース・リーやアグネス・チャンに限らず、香港ではしばしば中国人が英語の名前をもっていることがある。芸能人だけのことなら、進駐軍文化時代の日本にも、ジョージ川口氏が、トニー谷氏がいた。ところがここでは、芸能誌ならぬごくお固い英字紙の経済面に、ジェームス・ウォン氏やらロバート・チャン氏が、毎日ひんぱんに登場するのである。

いわゆるクリスチャンネームのたぐいにしては、ちまたのジャックやベティたちの数はいかにも多すぎるという気がする。香港のキリスト教徒の比率は、多くみつもっても全人口の一〇パーセントをでることはないのである。

とするとこれはやはり、かつて日本が植民地でそうしたように、中国人同化政策のひとつとしてイギリスが改名を強制した結果なのだろうか。そう、私はかねがね深刻な想像をしていた。しかし、どうやらこれは私の思いすごしだったようだ。

たとえば、私が長逗留をしていた宿の帳場に坐っていたアルバイトの娘のひとりはクリスチーナといい、もうひとりはクレメンタインといった。むろんふたりとも純然たる中国人で、クリスチーナのほうは一応カトリックだそうだが、洗礼名はまたべつにもっているという。

では、クリスチーナという名はいったいだれが名づけたのかというと、これが彼女自身なのである。その名の由来というべきものもとくにない。ただ「綴りと発音がキュートだから……」その名にしたまでなのだ。

一方クレメンタインのほうには、その名に多少の由来がある。「オーマイダーリン・クレメンタイン」のあの唄がそれで、冗談でもなんでもなく、あの唄が気にいったからそれ以来自分をクレメンタインと呼ぶことにしたのだという。それもほんの昨年からで、その前にはまたちがう名前をもっていた。ミミという、これまた『ラ・ボエーム』のヒロインのような名である。

しかし、べつに物語のヒロインの名を選んでつけているわけでもない。十九歳になったばかりの彼女は、クレメンタインの登場するジョン・フォードの西部劇『荒野の決闘』すらごぞんじないのだった。

おしなべてこのでんだから、ときにいささかとんちんかんな名前にもでくわす。あるときそのクレメンタインに、ボーイフレンドだという二十一歳の若者を紹介されたたときには、いささかどぎもをぬかれた。若者はその名をプレイトー（Plato）といい、これは日本式に呼べばギリシャの哲人プラトンである。

あのプラトンかい？　と念をおす私に、彼はすまして答えたものだった。

「イエース。アイム　プレイトー・チャン」

いやいや、近ごろのハイティーンにそんなのはめずらしくないのだよ。〈マックイーン・ウォン〉もいれば〈ブロンソン・チャン〉もいるぜ――私にいったのは、香港生活が長いイギリス人である。姓も名もめちゃくちゃなうえに、先月スティーブだった少年が、今月はマークになっているというようなこともザラだそうである。

こうした英語名をつけることが一般的になったのは戦後のことで、それも日本流にいえば高校以上の教育を受けた階層に、おもにみられる習慣だという。生徒数ではいまや多数派となった英語で授業をする英文中学校《アングロ・チャイニーズ・スクール》では、かならず英語名をもつことを要求されるからである。したがって同じ世代のなかでも、若い工場労働者などはふつうはそういう文化をもたない。

そして興味深いのは、こういう英語名をつかう習慣の定着した集団のなかでも、決して本来の中国名が不当な扱いをうけてはいないことだろう。家族のなかでも英語名で呼びあうことは、ごくまれらしい。そこに香港社会の二重文化的な特徴があり、アグネス・チャンは、より多く陳美齢（チャン・メイリン）であって、ブルース・リーはやはり李小龍（レイ・シウロン）であるという。

「借りものの場所、借りものの時間（Borrowed place, borrowed time）」（ハン・スーイン）のうえにただよう香港社会では、人びとが〈借りものの名前〉をもつことも、また当然であるかもしれない。そうした借り物だらけの社会で、人びとが平然とかまえていられるのは、すべてを根底でささえている巨大で排他的な中国文化の存在があるからだろう。自分を英名で呼ぶ一方で、いまや世界共通の食べものでありコトバであるホットドッグを、〈熱狗〉と中国語にねじふせてしまうのもまた香港人である。

英名で私に自己紹介したある〈中国派〉の愛国青年は、さっそく私がそこを突くと、

「名前なんかどうでもいいじゃありませんか、非本質的なことですよ」

そう、笑いながら答えた。〈HONG　KONG〉であれ〈香港〉であれわが祖国。ジャックであれ、阿Qであれ中国人――なのか。

時装・游楽

むろん、あの世界一のファッション消費都市、異常なおしゃれ指向の街——東京と比較することはできない。できないが、ごく公平に見て、およそ香港ぐらい反ファッション、非おしゃれ指向のふだん着都市は、これまた世界にちょっと例がないのではないか。

なにせ、気候が気候だから、着るものの心配は、しなければしないですむ。若者なら、さしあたりT恤《シャツ》が二、三枚と、それに牛仔褲《がうちゃいふう》が一本か二本あると、一年の大半は不自由なく過ごせてしまうのだ。

牛仔褲《がうちゃいふう》というのは、カウボーイ（牛仔）のはくズボン（褲）、つまりジーパンのことを香港ではそう呼ぶのだが、T恤と牛仔褲以外に必要な衣類といったら、あとは冬用にセーターが一枚あれば、それで充分だろう。赤道直下のシンガポールなどとちがって、いちおう香港には四季がある。といっても、日本のように画然とした季節の移り変わりがあるわけではなくて、長い夏とごく短い冬があるだけだが、旧正月後の二月あたりはかなり寒いので、この時期にはやはりセーターがいる。

ともかく、日本などにくらべれば、およそ着るものに気をつかう必要がなく、またカネをつかう習慣がない。こういうところでは、いくら街に時装《ファッション》の文字があふれ、看板に新潮《ニューモード》がうたわれてはいても、人びとは笛吹けど踊らず。フーンと感心して行き過ぎてしまうだけである。

そのうえわるいことに、香港では、どこへ何を着ていっても、それで入場を断わられるとか、居心地の悪い思いをするとかいうことが一切ない。中国式の酒楼《レストラン》なら、どんなに格式の高いところでもまったくおかまいなしだし、タイ着用を条件にしている別格の西洋レストランは、ひとつかふたつしかない。ホテルのロビーも同様で、ペニンシュラ、マンダリンのクラスでも、その心臓さえあれば、ゴムぞうりで入って行けないことはない。

だから、よく日本の団体客がホテルの廊下をステテコで歩き回ってヒンシュクを買うことがあるけれど、あれはホテルのなかだから具合がわるかっただけ。いっそステテコのまま表へでてしまえば、あとは大いばりであって、日が暮れたあとなら、パジャマで大道をかっ歩しているオジサンなど、香港にはザラにいる。それどころか、——前にも書いたように——少し下町へ行けば、ネグリジェをひらひらさせて買い物に出てくるオバサン、花柄のパジャマで屋台のソバをすすっている娘だって、ちっとも珍しくはない。

こういう文化的背景を読みちがえて、最初に手痛い失敗をしたのが、ほかでもないイギリス人である。かの昔、広州へ茶の買いつけにやってきたイギリス船は、ここでマンチェスターの毛織物をさばいて、茶の代金にあてるつもりだった。しかし、ここの風土は毛織物を必要とせず、また中国人は伝統の木綿と絹を好んで、外来の生地にさっぱり関心を示さなかった。そこであてがはずれたイギリスは、貿易赤字解消の一発逆転をねらって、アヘンをもちこむ最後の手段に出たのだという説がある。

だとすると、もしこのあたりがもっと寒冷で、中国人が毛織物にとびついていたら、アヘン戦争はおこらず、そうすれば香港が誕生することもなかったわけで、香港の非おしゃれ指向・ふだん着主義が香港の植民地化を招いてしまったということになる。あまりファッションに無関心なのも、考えものである。

とはいえ、この香港におしゃれ娘たちがひとりもいないというわけではない。それどころか、いったんファッショナブルに生きるときめた娘たちの努力と心意気にはただならぬものがあって、春先の東京でレッグウォーマーなるものがはやると、香港でもたちまちレッグウォーマー娘が登場する。東京でいえば六月から七月の気温と湿度の日に、あれをはいて歩くのだから、これは見ているだけでツラくなる光景だった。

むろん、ニューファッションの震源地は東京であって、おしゃれ娘たちの熱いまなざしは、東海はるかに浮かぶ夢の都会、原宿や青山や六本木《ろっぽんも》の街角にいつも向けられている。香港のファッション市場は、ヨーロッパ直輸入、日本製、ローカルメイドの三つがあるのだが、ヨーロッパ直輸入に手がとどくのは、日本の観光客でなければしょせん大金持の娘だけ。街の嫁たちには、日本製が即、最高級のホンモノ輸入ファッションだ。

九龍の旺角《うおんこ》に、通菜街《とんちょいがい》という通りがある。別名「女人街」とも呼ばれ、ここに毎夜、女物ファッションだけを扱う大規模なストリートマーケットが立つ。その夜市にでる安物のワンピースやブラウスのえりのネームに、しばしば意味不明デタラメのかたかなやひらがなの文字をみつけることがある。かたかなとひらがなは、日本製品の輝かしいシンボルである。そして、ここで売られているのは、そのニセモノだが、娘たちはかな文字ブランドに喜んでカネを払ってゆく。上等でなくてもいいが、流行遅れではない格好を、というささやかな夢に、女人街の日本時装はこたえている。

もしヒマができたら、まずうまいものをたらふく食べ、あとは日がな一日、麻雀で暮す——。

こういう正調香港式気晴らし法をかたくなに守り続けているのは、いまではもう香港人のなかでもオールド・ジェネレーションのみ。もともと裸一貫で香港へやってきて、とにかく働くことしか知らなかった世代の旧式人間は、ほんのささやかな楽しみさえあれば、この過密な香港でもけっこうしあわせに暮らしていくことができる。

その点、かえって不幸なのは、よく働きよく遊んで、せいぜい人間らしくやりたいナと願う、最近の若い世代。経済成長が軌道にのった七〇年代このかた、レジャーということが生活に組みこまれてくるにつれ、両親たちには縁のない、新たなフラストレーションにみまわれることになってしまった。

さて、休みはとった。しかし、どこへ行って、なにをして遊んだらいいのか?

なにしろ、香港というところは、もう絶望的に狭い。現在、五百万人以上がそこにひしめいている植民地の面積は、小さな無人島から岩だらけの山まで一切合財あわせても、やっと東京都の半分の広さ。そのうえ、東京ほどいたれりつくせりのレジャー施設があるわけでもない。

さいわい香港では、映画をみにいくという習慣はまだ健在。そこで、いちばん手っとり早いヒマつぶしはこれだが、まずいことに映画館は、香港人にとってはまだあまりに日常的な場所でありすぎる。レジャーという改まった時間を過ごすところとしては、いささか役不足なのだ。

映画がだめなら遊園地あたりはどうかというと、これがたいへんに貧しい。まがり九龍の西のはずれ、荔枝角《らいちいこ》なりにも遊園地と名のつく施設は、香港にたったひとつ。九龍の西のはずれ、荔枝角にある「荔園《らいゆん》」*1がそれだが、小さいうえに少し寂しげで、気分は浅草の花やしきといったらいいか。ここには、小型ながら香港ではただ一か所というアイススケート・リンクもあるのだが、いつも閑散としていて、むろん、はやりの絶叫マシン、シャトル・ループのたぐいなどがあるわけもない。

そこで考えたのが、香港の観光業者だ。いわく、日本へ行って、あのシャトル・ループに乗ろう。かくして、東京ディズニーランドができる以前の「日本本洲（東京・富士山・箱根）豪華七天游樂團」などというパッケージツアーには、かならず東京の豊島園か富士急ハイランドあたりで、あこがれの絶叫マシンを体験するコースが組み入れられていたものだ。

もっとも、レジャー産業がまだ未発達なぶんだけ、香港人のレジャーは、いまのところアウト・ドア指向で健康的だともいえる。その手の施設の拡充には、青少年の非行化防止という点から政府も力を入れていて、たとえば公営の海灘《ビーチ》が十二か所、公営の游水池《プール》で五十八もあって、このほかに同じく公営の海灘が十二か所ある。これは、全部だから、プールの開場期間はおそろしく長くて、三月から十一月まで。夜間もやっているので、晩飯を済ませてからひと泳ぎも可。カネのかからない香港のレジャーの代表は、この游水《スイミング》ということになる。

しかし、いまさら子どもといっしょにプール通いでもあるまい、という年長の若者たちが目ざすのは山。でなければ島だ。いったいあの香港に山なんかあるのか、と知らないひとは驚くが、市街地の香港島と九龍半島を除いた全面積の十分の九は、いわゆる新界《ニューテリトリー》の租借地で、二百数十あるという離島もこれに含まれる。この租借地の大部分は農地と山岳である。

週末になると、こうした山派・島派の若い世代で、バスターミナルやフェリー碼頭《ピア》はいっぱいになるが、そのいでたちは本格的。たかだか市街地から十キロも遠出をするかしないかというハイキングにすぎなくても、要は気分の問題ということだろう。トレッキング・シューズの堅固な足ごしらえに、アルミパイプのバックパック。水筒やらその他もろもろの大げさな山道具を、わんさとぶらさげたところが、ほほえましくも涙ぐましい。遠征の目的地が、小学校の遠足以来、すでに五回目だとしても、それはこの際問うまい。

こういう涙ぐましくも、努力のレジャーがいやだという香港人が少々遠出をする先は、澳門《マカオ》か、さもなければいっそ深圳《さむちゃんほー》河を越えた本土ということになる。しかしそれはすでに、休日の気晴らしというよりは、りっぱな海外旅行なのである。

＊1　その後香港ディズニーランドができて荔園は閉場する。

犯罪者たち

中国にはドロボウがいない、という伝説がある。観光ツアーで広州にいったとき、いっしょのグループにいたアメリカ人の男が、この伝説を中国側のガイド氏にたしかめた。

「イズ・イット・トゥルー？」

するとガイド氏はこの唐突な質問に驚いて、いつも胸のまえにかまえているナショナルの赤いトランジスタ・メガホンを、あやうく取り落しそうになった。そして、まじまじと背の高いアメリカ人の赤ら顔を見あげ、きっぱりといった。

「モチロン、イマス！……イナイナンテ、ソンナ社会ガ、イッタイ可能《ポシブル》デショウカ？」

ガイド氏とアメリカ人はそこでニッコリとうなずきあい、声をそろえて叫んだものだ。

「NO！　イッツ・インポッシブル！」

《四つの現代化》路線を突っ走る今日の中国のことである。先進諸国にあるものが中国にないではすまされないわけだが、戦後このかたこの方面で中国はずいぶん遅れをとってしまった。

かつてこの世のあらゆる悪徳と堕落が渦まいた東洋一の犯罪都市上海に、昔日の栄光はない。解放後の上海をねじろのひとつにしていた、ただひとつの新興ギャング〈四人組《ギャング・オブ・フォー》〉も、すでに昔語りである。八〇年代の上海にはびこるのは、せいぜい不良少年か闇商人ぐらいであって、犯罪はあってもみな小粒だ。

それではかつての犯罪先進国中国をささえた筋金入りの犯罪者たちは、その後どこへ行ってしまったのか？　コソドロたちは改造をうけ自己批判して正業についたとしても、上海あたりには、職業的にやっていたくろうと連中がごまんといたはずだ。そういう手あいは、解放とともにどういう身のふりかたをしたかというと、じつはみんな香港へ逃げてきたのである。

つまり、むかし上海いま香港。解放前の中国に横行した犯罪でいま香港に受けつがれていないものはなく、かつて中国の大都会に巣くっていた〈黒社会《ヤクザ》〉で、香港に移動してきていないものはない。まったく香港こそ、生きた中国の犯罪歴史博物館なのである。

もっともこう書くと、まるでひと昔まえの日活アクション映画——麻薬シンジケートとスパイの暗躍、人身売買の暗黒都市香港というイメージになってしまうから具合がわるいが、かりにその通りだったとしても、〈暗黒都市〉としての香港は、それほどおそろしいところではない。三泊四日のパッケージツアーで遊びにくるだけのひとが、びくびくすることはないのだ。

なぜなら、たとえば香港の麻薬〈業界〉というものは、東京のように暴力団が歌舞伎町あたりでコソコソ商売しているのとは、大いにようすがちがう。麻薬は阿片戦争以前からの、香港でもっとも伝統ある国際的ビッグビジネスなのである。当然、仕事は高度に洗練されていて、いいかげんな〈黒社会〉では、麻薬シンジケートの核心部にはタッチしきれないほどだといわれている。つまり、あまりに体質が古すぎて、麻薬のような近代的ワールド・ビジネスについてゆけないのである。

麻薬の大黒幕はおそらくアッと驚くような人物で、ロールスロイスの後部シートに身をしずめ、毎日なにくわぬ顔で『ザ・タイムス』かなにかを読んでいるにちがいない。そういう、ほころびのない〈ウラ世界〉なのだから、一般市民やただの観光客が、まきこまれたいと思ってもおいそれとまきこまれるものではないのだ。

また、スパイなどというしろものは、どんな都会であれ、どちらにせよ一般人には関係のない人種だろう。この時代、まだ香港あたりでもの欲しげにしているのは、台湾の特務か、デモンストレーションに来ているソ連の工作員くらいだが、台湾の特務はいまやＣＩＡに手をしばられた身の上だし、ソ連のスパイは、ロンドンよりは北京の顔色をうかがう香港政庁によって、見つけ次第追放されている。

今日、香港を舞台とした東西スパイの死闘そのものが、すでにオールド・ファッションなのである。したがって、一旅行者が、夜の路上で、撃たれて瀕死の男から、マイクロフィルムをあずかってしまうというようなことも、残念ながらおこりようがない。まことにはりあいのない時代なのである。

はりあいがないといえば、香港にまつわるおどろおどろしい人身売買の伝説もまた、どうも根拠にとぼしい話ではある。夫婦で観光にやってきた中年の日本人までが、ホテルのロビーでその夫人というよりはおカミさんに「お前も気をつけろや」と真顔で訓辞をたれているのを私も見たくらいだから、この話を本気で心配しているひとがないわけではないらしいのだ。

いわく、最近日本の若い女の観光客が三人、香港で消えてしまったそうだ。じつはそのなかのひとりがあたしのイトコのイトコの同級生の姉さんの友だちで――という式の、世界じゅうに無数のバリエーションをもつ（その研究で、すでに本まである）有名な噂を、女性団体客がヒソヒソとささやきあってはひとりで興奮している。

この話を、日本人客が多いホテル・ミラマーの前のポン引きたちが聞いたら、おっかなびっくりひとかたまりになって表へ出てくる大根足の〈日本小姐〉たちをゆびさして、大笑いすることうけあいである。「アナタ、ゼンゼン、心配ナイヨ！」

アジアのなかでは日本に次ぐ高い経済水準にある香港では、〈外国女〉は、完全な買い手市場である。日本でも問題になっているタイやフィリピンからの出稼ぎ〈女性〉が、いくらでも流れ込んでくる。おかげで最近はチェックがきびしくなり、フィリピンの〈女優〉という女のひとが空港で入域を拒否されるという事件さえ起きているほどだから、香港で幸運な人さらいの被害者になるのは容易なことではない。女優になれそうもない人ならまず安全だし、二十歳以上のひとは、すでに絶対安全である。

まして、香港へいったついでに、古女房をいい値段で売りとばしてしまおうなどという考えは、身のほど知らずというべきなのである。

この暗黒都市香港で、せいぜい旅行者が気をつけるにこしたことがないのは、テクニックでは日本と肩をならべる香港のスリぐらいなものだが、それでは、スリにさえ用心していればここは安全で平和なところかといえば、むろんそんなことはぜんぜん（！）ない。そこに暮すものにとって、香港はやはり物騒きわまりない、危険な犯罪都市なのである。

香港の犯罪の特徴は、押し込み強盗、辻強盗のような粗暴な手口が多いということ、それからせまく密集した都市構造が原因で、ほとんど時とところをえらばずにおきるということである。九龍の低所得者住宅のまんなかでもおきれば、ヴィクトリアピークの高級マンションも狙われ、午前中にも真夜中にもまんべんなく発生する。

それじゃあ旅行者もやっぱり危険ではないかということになるが、これが案外とそうでもない。旅行者は押込み強盗の対象にはならないし、このせまい香港でも旅行者の行動範囲は限られている。

ひんぴんとおこる辻強盗は、結局のところ治安のわるい地区にあえて住まねばならない貧しい者から、貧しい者が発作的に奪うという構図である。しかし、香港の地理的な条件は、そういう空間をいつも完全にさけながらまちを移動することを許さない。そこが、この種の犯罪が同じようにおこる世界の大都市とはちがう、香港のいささか困った問題なのである。

対策はただひとつしかない。いつもちゃんと相応の現金をもって歩くことである。辻強盗にあったら、それをパッとすかさず出す。あまり多いのも、また少なすぎるのも同じように刃物をもったあいてを混乱させるから危険である。要は身分相応、あいての値ぶみした通りにもっているのが安全だという。

以前は庶民なら赤い百香港ドル札(約四千円)一枚が相場で、中国の厄除けのおふだはみんな赤いところから、百ドル札がお守りになったものらしいが、きょうびのインフレで一枚では厄除けにならないといわれている。背広にネクタイで歩くつもりなら、まず、二、三枚が、傷害保険込みで妥当なところだろう。

そのくらいその手の〈事件〉が日常的になっているので、ちょっとした強盗ぐらいでは、香港の新聞の扱いはベタ記事である。

一名家庭主婦・昨晨從銀行提疑返家時・在梯間遭三匪截劫・掠去五千元現疑及被毆傷瞼部

ある家庭の主婦が、きのうの朝銀行からお金をおろして家に帰ってきた時、入口の階段（香港の住居は西洋の都市と同様、通りに面したビルの一階が商店で、二階以上が住居になった中層・高層構造である）の空間で三人の強盗にであい、現金五千香港ドルを奪われたうえ、なぐられて顔面にけがをした、というのである。

また、こういうのもある。

一名七十歳女工人・拖小狗外出返家・甫登梯級而上・即爲兩名年約廿二歳身穿飛機恤、牛仔褲、長髮青年・各亮利刀・迫令該女傭開門入屋・再將屋内一名五十六歳女戶主威脅・然後大肆搜劫・共劫去美金四千元、日本幣七萬元、一只藍色寶石戒指價值五千元、一粒鑽石價值六千元・然後逃去

こいつはもっとタチが悪い。ある七十歳のお手伝いさんが小犬と散歩に出て家に帰ると、例によって入口で強盗が待ちうけている。二十二歳ぐらいの、飛機恤（飛行機シャツ？）を着て、牛仔褲（カウボーイズボン。つまりジーパン）をはいた長髪青年がふたり、刃物をかまえて、ドアをあけろとせまった。

また家の中にはいって、そこにいた五十六歳の女戸主をもおどかし、しかるのちに家じゅうをひっかきまわして、ふたりで美金（米ドル）四千ドル、日本円七万円、それに宝石指輪などなどを奪った。そしてしかるのちに逃げ去った、というのである。

これはさすがに悪質な事件だからベタ記事ではないが、べつにけがもなかったということからか、それでも扱いはたったの二段なのである。こんな記事がどうかすると同じ日に三つ四つ新聞にでる。しかし事件が警察に通報され、まがりなりにも新聞ダネになるのは、この両事件のように被害が比較的大きい場合である。暗がりで十ドル札の二枚や三枚失ったぐらいでは、日々の生活に追われる人びとは、かえってまる一日警察でつぶすことのほうをいとう。

香港警察には、毎日平均十数件の強盗事件の通報があり、これは以前に比べればはるかにマシになったというのが、警察の自己評価である。しかし、そうしたきわめつけの凶悪事件だけに対する〈破案率〉（解決率）でさえ、五割には遠くおよばない。

香港はスパイや人買いが暗躍する素敵な暗黒都市ではない。もっとドロ臭くてかなしげな犯罪都市なのである。

自由港

香港の目抜き通りに店を張る観光客用の土産物屋には、しばしば〈免税品店〉という看板がでている。ちょっと考えれば、これが客寄せのインチキだということは、誰にでもわかる。

自由港の香港には、そもそも関税というものがないのだから、品物を免税にするということがどだい不可能。デパートもスーパーも、カメラ屋も毛皮屋も、八百屋も肉屋も、免税でない店など香港にはひとつもない。にもかかわらず〈免税品店〉の看板があって、それもかならず漢字ででているということは、目当ては年間五十万人にものぼる日本人観光客だということになる。私は、香港が気のいい観光客を手玉にとって、トラの子を無慈悲にまきあげることについては、無条件で全面的に賛成だが、しかし、いくらなんでもこんな子供だましの看板はないだろう。日本人があんまりかわいそうだという気がする。

かつての上海の租界には「犬と中国人、はいるべからず」という有名な立て札があったというが、これでは「バカと日本人、はいるべし」ではないか。嗚呼《ああ》、哀れなるかなわが一億の同胞よ！　そう、民族の将来を思って暗い気持になっていた私に、いや、あれは〈免税品店〉であって〈免税店〉だとはいっていない。だからサギではないのだと教えてくれた中国人があった。

たしかに自由港の香港でも、例外的に酒と煙草など数品目については、関税がかかっている。かかっているといっても、日本の税率にくらべればまるでタダみたいなものだが、それでもいちおう税金のかかった品物であるから、論理的には免税になりうる。つまり、まるっきりのウソではなくて、免税品も買えますよ、酒と煙草もありますよ、というのが香港の〈免税品店〉らしい。

ところが、さすがに香港はアイデアで差がつく土地がらである。もっとあたまのいいひとがいて、この〈免税品店〉をそのまま屋号にして登録してしまうことを考えついた。こういう秀逸なおもいつきならば、もうあっさり脱帽してだまされてやるほかないと思う。

三泊四日の団体旅行で「香港・マカオの旅」というのにでかけたことのあるひとなら、九龍の尖沙咀《ちむさあちょい》にある〈免税品店　デューティーフリー・ショッパーズ DUTY FREE SHOPPERS〉（と、漢字とカタカナと英語で書いてある）という土産物屋を覚えているにちがいない。

あまりいろんな土産物屋をバスごとひきまわされたので、いちいち覚えていないというひとは、デパートのように広いフロアで、売り子がブルーの制服を着ていて、空港にも出店のある土産物屋といえばわかるだろう。香水を何オンスか以上買うと、白いショルダーバッグをくれる、あの店である。

こういってしまうとミもフタもないが、観光である外国を訪れるということは、貿易と同じで、そこに経済活動が発生するということにほかならない。観光ということの本質はそこにあって、そこをさけて通ることはできないし、またさけてもしようのないところがある。見知らぬ外国の街角でふとみつけた人間同士の心のふれあい、などということを信じようと信じまいと、とにかく大なり小なり、こちらと直接にカネで結びついた現地人以外とは決して出会えないのが、観光というシステムなのである。だから、観光なんかで外国へ行ってもなにも見たことにはならないのだ、という意見もある。しかし、それはそうではない。むしろ逆なのだと私は思う。むかしマルクスが正しくも指摘したように、およそこの世界のあらゆる関係は経済が基礎なのだから、外国へいって見聞をひろめたいと思うひとは、まず観光客になるのが真面目でオーソドックスなやりかただということを、きちんと心しておきたい。「観光」をバカにするひとは、だいたい浅薄なひとだと思ってまちがいない。そういうひとは土産物屋などと聞くと顔をしかめるものだが、まずなにはおいても土産物屋へいくということが、観光客のもっとも重大で神聖な義務だということを忘れてはならない。そこで運よくこの香港の〈免税品店〉を体験することができた観光客は、心がけ次第でたちどころに世界情勢について、日本について、そして日本人である自分について見聞がひろまってしまうこと請けあいである。

バスが入口に横づけになって、ガイドに先導された日本人観光客が、ゾロゾロと、用心深い足どりで、ためらいがちに売り場に入ってくる。よく「海外の土産物店に殺到するモーレツ日本人観光客」などという報道があるけれども、少なくとも香港の場合、そういう威勢のいい日本人を見ることはできない。テキのほうが、いかにも手ごわすぎるからなのだ。

とりわけこの〈免税品店〉という名の免税品店のバカでかい売場を前にした客たちは、そこに待ちうけているであろう試練を思うと、しばし足をすくませてしまう。あたかも遊園地のお化け屋敷の入場者さながらに、一様に不安に満ちた表情でおそるおそる前へでてゆくかんじになる。

そして次の瞬間、手ぐすねひいて待ちかまえる一ツ目小僧ならぬ数十人の中国娘たちのかまびすしい日本語が、売場に充満する。

——ソコノオカーサン、香水？　オ酒？　ゼンブ安イヨ。シャネル？　ニナ・リ、チ？　日本デ買ッタラヒトツ二万三千円スルヨ。ハイ、コチラ2オンスノセトデ、一万三千五百円。日本円デ払ウ？　米ドル？

——ア、オトーサンハナンデスカ？　時計！　オメガ？　ロレクス？　手巻ト自動巻トクオツトアルヨ。

　このすさまじい「日本語空間」に巻きこまれた日本人は、いったいどういうリアクションをひき起こすだろうか。なにしろこれだけ大人数の外国人が、いっせいに日本語を叫びたてている空間に足を踏み入れるという体験は、ふつうのことではない。当然こういうありうべからざる事態には大きなショックを受けていいだろうと思うのだが、ところが、じつはほとんどのひとがそうはならないのだ。ショックを受けるどころか、日本語の空間がそこに現出するとかえって最初の緊張がほぐれ、どんどん自由に活発になってゆくから不思議である。あちこちのショーケースを熱心に見てまわり、気軽に売子をつかまえて、日本語でまくしたてる。

「ちょっとそっちのもみせてよ。ウーン、甥っ子がこんど就職するもんだから……ウン。このネクタイじゃ、入社式、ちょっと派手かねェ……」

「イエ、派手ノコトナイヨ。ステキヨ」

　などと、はたして先方はわかっているのかいないのか、そんなことにはおかまいなく、外国の店頭で、外国人を相手に日本の世間ばなしを成立させてしまうのだから、これは大したことである。このくったくのなさは、いったいなんだろうか。

もっとも、この場合は、相手方が日本語を解することがあらかじめわかっているケースだから、まだ理解できないことでもないが、次のような、いささか過激な日本人を目撃することもある。

銅鑼湾《コーズウエイベイ》の洋品店の前で、観光客のおばさんがウインドウをのぞきこんで思案している。と、そこへ気づいた主人が奥からでてきて、黙ってかたわらに立ったところを思いうかべていただきたい。

するとこのおばさんはチラと主人をふり返って、ウインドウを指さしながら、たとえばこんなふうにさりげなく日本語でつぶやくのだ。

「あの、三番目のね、絹かしら……それとも化せん？」

もちろん、一般の商店では日本語など通じないのだが、相手が日本語を解するかどうか、うまくこちらの意志が通じるかどうか、そういう危惧をいだくということじたいが、そもそもこのおばさんのケースでは欠落してしまっている。いつも夕方買物にゆく駅前の商店街でしているように、外国でもする。これはある意味ではりっぱなことだが、別の見方をすれば、おそろしいことでもある。

まさか、彼女が、大東亜の盟主日本という考えのもちぬしかなにかで、日本語はアジアの共通語であるべきだという信念から日本語で押し通したはずはない。また、アメリカ人やイギリス人のように、自分のことばは外国人にも通じるにちがいないという思いあがりから、そうしたのでもないだろう。

それどころかおばさんは、もし駅前商店街で西洋人に道をきかれたら逃げだしてしまうひとだろうし、まちがっても日本で外人に日本語で話しかけたりすることのない、そういうごく平均的なひとりの日本人にすぎないと思う。それが、外国で日本語をしゃべる。

同情すべき点をあげれば、たしかに香港は外国といっても、同じ顔をした人間が歩いている漢字だらけの街なのである。日本語が通じないということを、ヒョイと忘れてしまうことはありうるだろう。そして、同じ顔をした人間に自分のしゃべることばが通じないという事態もまた、日本ではまず絶対に起こりえないから、香港でも無邪気に日本語が口をついてでるのかもしれない。

まあ理由はいろいろあるのだろうが、ともかく、日本人のすべてが、外国へ出たとたんにコトバの問題でノイローゼになるわけではないらしい。少なくとも香港へやってくる団体旅行者のなかなどには、こういう物おじしない立派な日本人がけっこういるのである。

それはそれで罪のないはなしだが、この手の日本人を観光という経済のなかに組み入れてメシの種にしなければならない香港側の人間にとっては、ことは気楽でもなんでもない。日本語のじょうずへたは、そのまま稼ぎに響いてくるからである。
ちなみに〈免税品店〉（中国語の正式な社名は、免税品店有限公司という）の求人広告（『星島日報』・一九七九年）によれば、日本語ができるかできないかは、このくらいの待遇の差となってはねかえってくるのである。

顧客接待員（売り子）
資格――女性・年18至28・儀容端正（キレイであること）・中學程度・能操流利英・日・國語……（英語・日本語・北京語がちゃんとあやつれること）
薪酬《サラリー》――月入一六〇〇元・以三個月試用期滿有調整

試用期間から月給千六百ドルというのは、香港の平均でいえば、相当いい方だろう。その次の場合と比べてみるとよくわかる。

女日語售貨訓練班學員（売り子見習い日本語練習生）
資格――年18至24・中學畢業・容貌端正（かわいくなくてはいけない）
薪酬――試用期間三個月・月入八五〇元

つまり、日本語がまだできないうちは、月給は八百五十ドルしかもらえない。そしてこれがことばと関係のない部門ではさらに悪くなる。

収銀員(レジ係)

資格――年26以下女性・中學畢業、有經驗者優先取録

薪酬――月入九五〇元・三個月試用期滿再有調整

レジ係で九百五十ドルは、まあふつうのOLなみといったところで、別に低すぎるということはない。これ以外に、二十歳以下の男という条件で、メッセンジャーボーイの求人もあるが、月給は七百五十ドルとなっている。このメッセンジャーボーイと「香水? お酒? ナポレオン何本?」の売り子とでは、じつに二倍以上のひらきがあるわけである。

初任給千六百ドルというサラリーは、ほぼ同じ資格で応募できるキャセイ航空のスチュワーデスより、はるかにいい。とすればこの職業は、たとえ、

「オイ、ねえちゃん!」

と無作法に呼びかけられようと、それだけの見返りはあるということになる。

そしてもちろん、香港で日本語にこれだけの値段がつくのは、観光という経済の閉

じられた環のなかにおいてだけである。日本語にたくみな香港人は、たしかに少なくはない。だが、そういう人びとの日本文化にたいする態度は、ほぼ例外なくあっけらかんと無関心である。まれに、たとえば「ミシマ」や「カワバタ」の話題が香港人からでることがあるとすれば、それは日本語のできないひとからであって、そして、ミシマをなに語で読んだのかという問いにたいする答えも、いつも同じだった。ペンギン・ブックスで、英訳を読んだというのである。

コロニーの新年

ようやく亜熱帯の風が涼しくなる。十二月のはじめ。毎年その頃になると、香港の中心街にある大銀行やデパートの正面では、いっせいに「竹棚《ちゅぱん》」を組む作業がはじまる。

竹棚というのは、ようするに建設現場の足場のような構造物で、日本の場合だと杉の丸太で組むところを、香港では竹を使う。だから、読んで字のごとく竹棚なわけで、それが通りに面したビルの壁いっぱいに、まるで巨大な凧の骨組みのような姿を現わす十二月のある日。その日あたりから、香港の年の終わりがはじまるのだった。

できあがった高い竹棚のうえでは、つづいてイルミネーションをとりつける作業が忙しく進む。そして、それから数日後、大通りの通行人は、ふと見上げた夕闇の空に浮かぶ「聖誕快樂恭發財《メリークリスマスハッピーニユーイヤー》」の光の文字を発見して、こう思うわけである。

「あ、もうあとふた月で、お正月だなあ……」

一九七八年の年の瀬もまた、この輝くイルミネーションとともに始まった。

香港のお正月は、むろん世界中の中国人社会がそうしているように、きちんと旧で祝う。旧正月の元日は、太陽暦のカレンダーのうえでは一定しないが、たいていは一月の最後の週か、もしくは二月のあたま。それから三日間が新年の休日になる。香港の中国人にとっては、ということは香港ぜんたいにとっては、この期間がほんとうの正月だから、英国式の一月一日はめでたくもなんともない、いわばただの日なのである。したがって、十二月のはじめからはやばやと正月気分を出しているのは、新旧ふたつのニューイヤーの両方に義理だてしようというビルのイルミネーションだけだということになる。

宙に浮かぶ光の文字は、それから旧正月が終わるまでずっと輝きつづけているのだが、本当のところ、一年のうちでその二か月ほど、香港の街がなまめかしく見えることはない。

人口の一〇パーセントをクリスチャンが占める香港のクリスマスは、日本とちがって、きわめて宗教色が濃い。イブの夜、香港島では、中腹にあるカテドラルの鐘が鳴りひびき、九龍の雑居ビルのなかにある小さな教会からは、集まった子供たちの歌う讃美歌が、下の通りまで聞こえてくる。

クリスマスが過ぎて、次にやってくる太陽暦の大晦日。その夜は、この植民地に暮す欧米人たちが年に一度の乱痴気騒ぎをやらかすときでもある。午前零時になると、ヴィクトリア港で新年を迎える世界中の船が、いっせいに汽笛を吹鳴する。ヴィクトリア港はこのとき新年をむかえるわけで、まちなかはともかく港だけは、その出発以来いまも西洋の時間と暦と歴史のなかで生きつづけているのである。

年にただ一度植民地《コロニー》のすみずみに響きわたるこの汽笛を、香港島中腹の半山区《ミッド・レベル》や山頂区《ピーク》に住む西洋人たちは、おそらくニューイヤー・イブのパーティの騒ぎのなかで聞き、港を見おろすベランダへ出て、イルミネーションに輝く客船や軍艦の数をかぞえることだろう。そしてそこに居あわせた香港在住二十なん年というチャイナ通《つう》の英国人などが、ディナー・ジャケットの腹を突き出し、英語なまりの広東語でこうおどけて叫ぶのである。

「Saan-neen faai-lo!（新年快楽）and Koon-fei fat-choi!（恭喜発財）」

同じ時刻に下界のまちでは、中環《セントラル》や銅鑼湾《コーズウエイベイ》、九龍の尖沙咀《ちむさあちよい》あたりのディスコにつめかけた中国人の若者たちが、こちらは広東語なまりの英語で大声をはりあげている。

「ア・ハッピー・ニューイヤー呀《あ》！」

この連中の耳にまでは港の汽笛もとどかない。地下室で盛り上っているあやかり組の男女は、〈油脂仔《やうちいちやい》〉や〈日本時装《ファッション》〉に身を包んだ〈油脂妹《やうちいむい》〉の面々。彼らはここで、ジン・セブンという可愛い飲みもの（ジンのセブンアップ割り）で顔をまっかにしながら、植民地文化としての第一の新年を迎える。ちなみに、〈油脂仔〉というのは七八年後半の香港の新語で、日本式にいえば〈グリース族〉、むろん『週末狂熱《サタデーナイトフィーバー》』から『油脂《グリース》』と、この年香港を席巻した一連のディスコ映画の産物にほかならない。

さて、一般の家庭はどうしているかというと、この時刻、たいていはもう床についている時分である。家人のうちでまだおきているのは、それはあしたは会社が休みのOLの姉と中学生《ミドルスクール》の妹のふたりだけ。彼女たちはすでに十時から二時間もテレビにかじりついているのである。

番組は東京から一時間遅れ（時差が一時間）で衛星中継されている〈全日本紅白歌星大賽〉、つまりNHKの〈紅白歌合戦〉。場面はそろそろ大詰めで、最後の組山口百恵と沢田研二が歌い終って、結果は、白組優勝。「アイヤーッ!　白色《ぱっせっく》、白色!」と、これは中継音声にダブらせた香港側解説アナの興奮した叫び声というわけである。

そして零時。画面はちょうど「蛍の光」の途中で、指揮をする藤山一郎の姿がアップになっているところだ。最後の瞬間になって突然笑顔で登場したこの小男の老〈日本仔《やつぷんちやい》〉が何者であるか、香港の姉妹はむろん知るはずもないが、しかしこと最近の日本の歌謡曲事情にかんするかぎり、このふたりはなかなかに詳しいのである。

さしずめ姉のほうのひいきは沢田研二か森進一、妹のほうは野口五郎か西城秀樹、さもなければ郷裕美といったところになる。「紅組」でいえば、香港での知名度は山口百恵が文句なしの別格で、ついで桜田淳子。粉紅夫人《ピンクレディ》はぐっとおちる。そして、こうした日本の歌手の名をこころえているぐらいのことは、香港の少年少女たちにとっていわば常識にすぎない。ちょっと熱心なファンならば、七八年の「紅白」のトリを歌うのが沢田研二と山口百恵であること、また陳美齢《アグネス》は惜しくも選にもれたことなども、当然事前に承知していなければならないだろう。

香港では新聞のテレビ欄が貧弱なこともあって、一週間の番組ガイドと芸能記事をのせた〈テレビ週刊誌〉が何種類もでている。読者はたいてい少年少女で、その手の雑誌は十二月になると、こうなると日本の芸能誌の記事をひょうせつした、「紅白」の前評判記をいっせいに書く。日本の大晦日の国民的行事も、もはや日本だけのものではない。

もっとも、この香港「紅白」のスポンサーはすべて日本企業であるから、勝手な押売りであるといえばいえないこともない。つまりたまたま香港がふたつもっていた大晦日の、どうでもいいほうを日本が買い占めたという格好である。もとよりこの香港で売って悪いもの、カネで買って悪いものなどひとつもないが、それにしても〈大晦日〉の出ものを買いにきたバカというのは、いかな香港でもかつて前例を見ない。

さて、零時二分過ぎ。船の汽笛の最後のひとつが港外から遠く響いて、ヴィクトリア港はまた深夜の静けさをとりもどす。山頂区の西洋人たちはぞろぞろとベランダから室内にひきあげ、テレビを消した姉妹はなんとなく空腹をおぼえて、〈出前一丁《ちよつちんやつてん》〉でもこしらえようかという相談をする。日清食品もまた、「紅白」のスポンサー企業だが、姉と妹はこの一・三香港ドルの日本製インスタントラーメンをすすって、はるか東京の野口五郎《いえはお・んーらう》をしのぼうというのである。こうして香港は、どうということもなくその年の第一回目の元旦をむかえる。

ところが、例年ならばどうでもいいこの一月一日が、一九七九年の今年は香港人にとっていささか感慨深い日となった。この日から米中の外交関係が発効し、同時に台湾はこれで一個の島に過ぎなくなったからである。

この新事態にたいする香港の事前の反応は、いささか複雑で分裂したものだった。片方に「米中建交」は香港の地位の安定にプラスになるだろうという期待があり、また片方には台湾の無残な転落に、明日はわが身の不安と心ぼそさがそぞろ身にしみる思いがある。とはいえここはあいての出かた次第、中国の動きに注目しながら、さて新年のフタをあけると、これがいい話ばかりなのである。

まず、一月一日から中国本土帰省者の税関規則がゆるやかになり、これまで認められなかったテレビとカセットレコーダー、ラジカセの持込みがOKになった。これで、ことしの旧正月の帰省者たちは、関税さえ払えば、本土の家族にテレビを土産にすることができるわけである。例年旧正月には、十万単位の香港人が里帰りする。このマーケットに、機敏な香港商人がとびつかないわけはなく、新年早々さっそく中国国内規格にあった受像器の大売り出しをはじめたのは、いかにもこころしい風景だった。

帰省者たちにもうひとつのいい話は、昨年から開通した空と海の新交通路、香港—広州を結ぶ定期空路とフェリーにくわえ、直通列車の運行が本決まりになったことである。いままで広州にむかう旅客は、いったん羅湖《ろーうー》の駅で降りて徒歩で境界の深圳河《さむちゃんほー》の鉄橋をわたり、また列車を乗りつぐということをしなければならなかった。直通列車が実現すれば、これは一九四九年に中国紅軍が広州に入城した日の前日の最終列車以来、じつに三十年ぶりの復旧なのである。

そしてまちでは、中国系の映画館で新年からいっせいに中国映画の最新作が封切りになった。一九七八年五月製作というから、十年、十五年前の作品を平気でかける中国系館にしてみれば、かけ値なしの封切である。『獵字99』というこの映画は、里帰り華僑になりすまして中国に潜入し、海軍秘密兵器の設計図をねらう某国情報機関と、摘発に乗りだした公安局との死闘を描いた〈スパイ・アクション〉。いくら四人組後の製作とはいえ、中国映画をみなれた目には、カラー・シネスコの画面といい、なに

からなにまで驚くべき道具だてである。ヒーローの中年の公安局幹部はラフ・バローネばりのしぶい美男で、かんぐればこの設定は、公安局あがりの華国鋒を意識したものではないのかとさえ思われる。

しかしスジのはこびはまったくの鄧小平路線で、説教は一切なし。思想じゃない、技術で勝つんだというわけで、もっぱら科学捜査とはでな活劇でスパイ網を追いつめてゆく。某国側のシーンでは黒いトヨタが走りまわり、香港でも見たことのないようなきわめつけの妖しい美女も登場。背景のホームバーの棚にはなんとサントリー・オールドがならんでいるという具合だ。

この映画の出来は、公平にみて明らかに香港製スパイ・アクションより上であるから、たちまち評判をとって、連日の大入りだった。

こうして第一の年が明けると、香港はいよいよ年の瀬の本番を迎える。街にはお正月の縁起ものを売る露店がチラホラと出はじめ、通りの色彩のバランスは、日に日に紅《あか》がまさってゆく。店先に積み上げて売られる、お年玉用の利是《らいしい》の袋が紅。新年に戸口へ貼る、おめでたい対句を書いた細長い紙がまた紅。街を紅い色が埋めつくしてゆくにつれ、お正月は近づいてくる。

やがて本当の大晦日。新年の前日は、香港の街じゅうが、春の気配でいっぱいになる、心楽しい日だ。

　正月のお飾りにする枝つきの桃の花を商う花市《ふあしい》が各所に立ち、深夜まで続く雑踏のなかを、人びとはつぼみの開き具合を気にしながら、買ったばかりの桃の花をかついで帰ってゆく。この大晦日の夜、香港の街はいっとき弱肉強食の原理を忘れ、利潤の追求をやめて、やさしい目をした善男善女のゆきかう、おだやかな古い中国の街の気分をとりもどす。運よくこの夜に香港にいあわせた旅行者は、かならずこの街が好きになることであろう。

　明けて元旦、新しい年を迎えた香港は、静かで動きがない。中国人の新年にはつきものの爆竹は、六七年の香港暴動このかた禁止されたままだが、若者はあきたらない。日が落ちると、いつもの数分の一しか交通量のない大通りを、くるまで走りぬけながら爆竹を投げてゆくゲリラが出没する。

　雑居ビルの谷間に景気のいい音がはじけてこだましたあとは、ふたたびこれがあの香港かと思うほど静かな夜。あかりのついた上のほうの窓からもれてくる家族の笑い声と、あちこちから響いてくる牌をかきまぜる音。香港のお正月は、ゆったりとした時間のペースでこの街を包み込み、街はしばしの間、その腕の中でまどろむ。

　やがて、香港は目覚めてふたたび走り出し、四月の清明節と天后の祭りをかけぬけ、六月の龍船節《ドラゴンボートレース》と九月の盂蘭節、さらに十月の中秋節までは全力疾走である。

そして、涼風の立つ十二月。竹棚の組み上がるのを見て、この走りつづける都市はようやく立ちどまるのである。

Ⅲ　香港対話篇

九龍／土瓜湾《とうかあわん》　馬頭圍道《まあたうえいどう》　午前11時20分

いきなり空からマッチのカラ箱が落ちてきて、足元の歩道で大きく跳ねた。上空を見上げて、思わず背すじを寒くする。

いつの間にか私は、いちばん危険なコース――歩道のはばの七三で車道寄りのあたりを歩いていることに気がついた。この街では、くるまもこわいが、上からの落下物がなおこわい。通りに面した建物は、低くても七、八階はある。その二階以上は、かならず空中に大きくせり出しているので、ベランダや窓はちょうど歩道の上七三のあたりにくる。だから歩道は、いちばん内側を歩くか、いっそ車道の端を歩くのが安全だと、これは以前香港人から教わった。

古いビルの壁からはがれ落ちたコンクリート片の直撃を頭に受けて、命を落とす不運な通行人がたまにいる。通りの上空に日々の生活がある以上、洗濯物のしずく、風に乗って散るクーラーの排水はいちいちさけようもないが、夕方ザザッと降るやつにはご用心だ。夕方は、窓ぎわに並べた植木鉢に水をやる時間である。水だけならいいが、植木いじりをするのはたいてい老人だからこわい。おぼつかない手で持ちあげた鉢を、十五階の窓からついポロッとやりかねないからである。

ある落下物による事故のあと、新聞が窓からモノを投げ捨てるなというキャンペーンをした。そこに列挙された、悪質な落下物の一例――。火のついたたばこ。おしめ。カラになったプロパンのボンベ、そして、いかれた冷蔵庫。

犬鍋の宇宙――対話1

――犬鍋というものがあるそうですが？

――広東地方の郷土料理とでもいうべき食べもののひとつです。本場の広州あたりへ行きますと、市場の一角に丸のまんまでローストしたものをつるしてあったりします。あるいは床の上にゴロンと転がっていたりする。狗肉《イヌ》のことは香肉といったりもするのですが、ふつうはそれを買ってきます。犬鍋そのものを食わせる店もけっこうあります。家庭で生きている犬を絞めることはまあ、あまりないようです。そのローストして、しゃっちょこばったダックスフントのようなカタチになった犬を、まず二、三センチの厚さに輪切りにします。ハムをぶ厚く切るような要領です。さらにその輪切りを例のでかい円板状のマナ板の上で、ガツンガツンと小さく刻む。骨つきですから、そんな音がします。そうやって、一口大の肉片にしてしまうわけです。次に鍋のしたくですが、いわゆる味噌仕立てですね。日本の味噌よりもう少し凝ったやつ、醬《じゃん》を使います。それから臭みを消すために生姜《しょうが》なども加え、まず肉を入れたら、最初はスキヤキと同じように、醬を充分肉にからませます。そこへ別につくったスープを注ぎ、さらに、青菜を大量にぶちこんでグツグツとやる。そうこうするうちに座も盛り上ってくる、というわけです。

――香港ではそれが非合法であるとか？

――そうです。少なくともイギリスが香港から引揚げる一九九七年[*1]までは。もちろん猫もダメです。ほかに、最近は野生動物もほとんどいけないのですが、その野生動物を中国人は「野味」と称して珍重しますから、ここに文化摩擦が生じます。「野味」のカテゴリーには、大は熊・鹿から、小は犬・猫・蛇までを含みます。タブーはありません。ところが、どうもイギリス人の「食べてはいけない動物」リストには恣意的なところがあって、たとえば蛇なんかはまったくお咎めなしです。香港にも、例の動物虐待防止会というのがちゃんとあって、イギリス人を中心に盛んに活動しています。で、虐待を受けている犬や、食肉になろうとしている犬がいるという情報があると、彼らは本部から専用の車やバイクでかけつけて、さっそく保護・救出します。さて、間一髪、正義の味方に助けられた犬たちはどうなるかというと、結局安楽死です。中国人は儒教の信奉者ですから、食べものを無駄にする洋鬼にはいずれ報いがくると舌うちしながら、それをながめているわけです。

もっとも、最近は香港の中国人の側も少しずつ変わり始めています。蛇に対してはまったく偏見がな

文化侵略のイヌ　"H.K.Society to Prevent Cluelty for Animals" 香港動物虐待防止会の面々。

く、日本で言えばナマコていどのものですが、でも犬はちょっとちがう。近ごろの若い女の子などには少し違和感があるようです。「犬、食べたことある？」と聞くと、「エーッ!! 一度もないわ！」と、必要以上に強調する子がいます。また、すでに「体験済み」の子や、その味をカラダで覚えてしまった子のなかには、そう問いただされると、ちょうど最近の日本人が、西洋人からいきなり「クジラの味は？」と訊かれたときのように、一瞬うろたえたりするのもいますね。そういう娘をふんづかまえて、ザンゲさせる。赤裸々な告白を微に入り細にうがって聞くのは、楽しいことです。

――すると、ユニオンジャックの下では、当然、秘密の犬鍋パーティということになるわけですね？

――闇ルートのようなものがあるんですね。犬鍋をやりたい、まあ秋から冬にかけての肌寒くなるころですね、それで新界などの農村部にコネのある人に口をかけてみる。「ひとつなんとか……」「よっしゃ、よっしゃ」てなわけで、こんどはその頼まれた人が件《くだん》のルートと連絡をとる。どうも分業化がすすんでいるらしい。「犬、ある？」「ありますよ」こんな具合ですね。その犬屋が下ごしらえまでやることもあるようです。その成果が家庭の台所へこっそりと持ち込まれてくるわけです。

ケとハレということで言うと、ハレの食事ではない。むろん、酒楼《レストラン》に出る料理でもありません。しかし、ただのうまいものというだけでもなくて、土用のうなぎのように、体にいいとか、時季のものだとか、そういう能書きが犬にはつきまといます。で、鍋をやる日には、親戚とか親しい友人を呼んで振舞う。ひっそりやるわけです。共犯者をつくる。鍋をつついた一族郎党は運命共同体です。そんな機能を社会的には持っているのかもしれない。

——ふだん家庭ではどんなものを食べているんですか？

——常食はコメのご飯、オカズは二品か三品、スープはたいていついているようですね。ご飯は茶わんに山盛りにするのですが、男でもせいぜい二杯、夫婦で一合ほどしか炊かないなんてこともある。どちらかと言うと日本人よりオカズ食いであるかもしれない。オカズのメニューとして基本的なものは、まずいためもの。肉と野菜、烏賊《いか》と野菜とか、なんでもいっしょにいためます。魚は丸蒸し、清蒸《ちんぢん》というやつもありますが、これは活魚を使うのが原則なので、ごちそうです。より安直には、油をうすくひいて揚げる。いずれにしても高くない材料を使って二、三品を組みあわせるわけです。中国ソーセージや鹹《シオ》魚《ザカナ》といった、保存食品が出ることもあるでしょう。

食器は箸、例の長めのやつですね、それから飯碗、レンゲ、オカズをとる丸いお碗、これが基本的なものです。ただし最後のオカズのお碗は省略されてしまうことがあります。その場合には、大皿からとったオカズをいきなり飯碗の上に乗せてしまいます。そのスペースを飯碗のうえに確保するために、しばしば、箸をとるやいなや、まずガバッと、ごはんの山の一角をとりくずして、口へかきこむひとも少なくありません。宅地造成をするわけです。

ご飯の食べ方は日本のやり方と少しちがいます。まず箸はその中ほどか、先よりのほうを持つ。飯碗のへりに口をあてかきこむ。山盛りになったご飯を手前にくずしながらこれを繰り返すのです。米は、ふつうジャポニカ種の丸いやつではなくて、細身のインディカ種の系統です。ご飯に粘り気がないので、日本式のやり方ではどうにもならない。それからスープの摂り方、これにもちょっと特色がある。野菜スープなんかが多いのですが、まず中の具を全部お

一般家庭の厨房　調理器具の数は日本よりずっと少ない。加熱はガス、石油コンロなどで。

皿にひろい出してしまう。そうやって、スープだけ先に飲む人がいます。そしてスープを味わったあとで、こんどはおもむろにとり出した具に醤油をつけて食べる。こうやってオカズを一品増やしてしまうわけですね。

――家族が一堂に会して食卓を囲むわけですね？

――犬鍋もそうですが、彼らは食事をともにするということを、かなり重要視しています。日本なら、さしずめ「同じ釜のメシを食う」というところですが、それがこちらでは同じ卓でメシを食うこと、同じ皿に箸をつけることにあたります。食べ物の「来源」ではなくて、むしろ「場」に意味を求める傾きがある。香港人の外食癖は、このことと関係があるかもしれません。街の商店なんかでも従業員はたいてい店主一家といっしょに食事をする。この場合は、新聞紙を拡げた店頭のショーケースがテーブルがわ

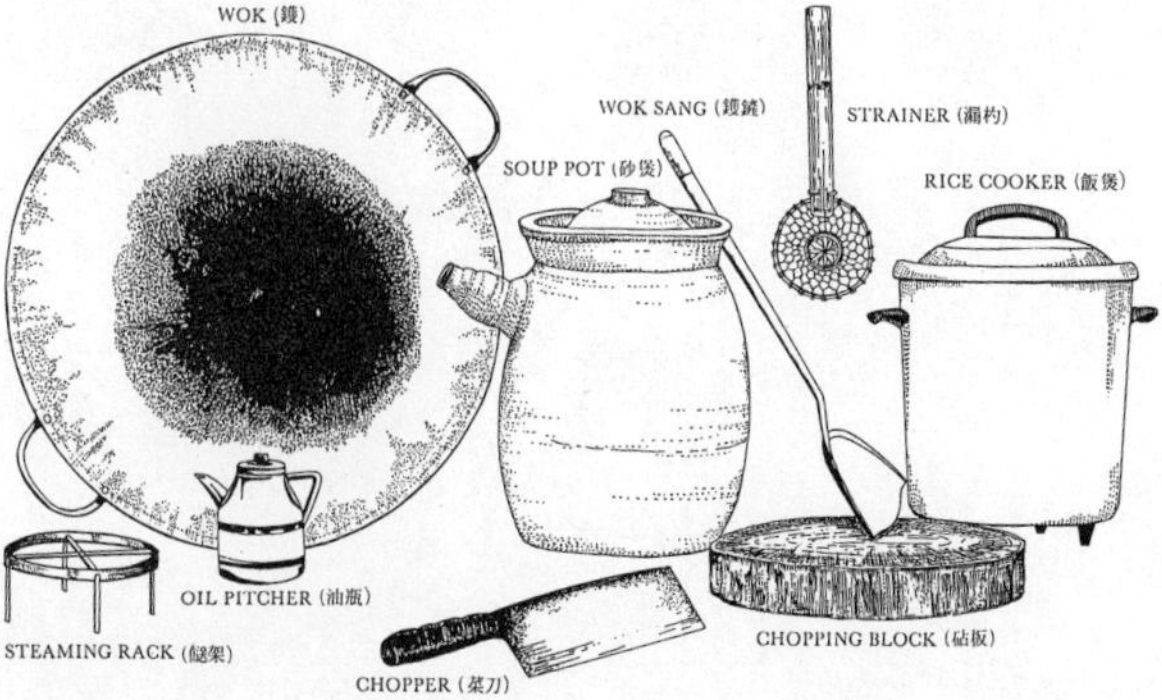

りです。それが職人の工房であれば、裏通りにテーブルを持ち出し、琺瑯《ほうろう》びきの洗面器を三つぐらい並べて、それぞれに料理を盛ったやつを囲んで食べる。食事をともにすることは、そのコミュニティーに直接関与することだ、という感じがある。日本で言う「こんど一杯やろう」というのを、彼らは「メシを食いに行こう」と言うわけです。

それから、これはどちらが先かわかりませんが、このやり方が、中華料理には、しごく具合がいい。まず中華料理はスケール・メリットのある料理、いっぺんにたくさん作ることに適したものですよね。それからもうひとつ、彼らはけっして冷たいものは食べないのです。「冷やメシを食う」というのは、日本でも愉快なことではありませんが、こちらの基準でいえば、それはほとんど非人間的です。日本式の冷たいお弁当を、彼らは人間の名において拒否する。というわけで、いっしょに飯を食うのは実際的、技術的にも理にかなったスタイルだということになります。

中華料理の場合、「さあ、ごはんだよ」という段階は、三皿なら三皿分の材料が刻まれ、それぞれ調理台の上に積み上げられて、あとは熱加工にかかるばかりの状態のことを指します。それで皆がワイワイガヤガヤと席に着き始めると、大きな中華鍋にいい感じで薄青い煙が立ち上り始める。主婦あるいはその日の料理長がざばっと材料をぶち込む。油の弾ける音。こうして陳さん一家の夕餉《ゆうげ》が始まるわけですね。

＊1　犬鍋禁止の「悪法」は返還後もそのまま残された。中国はさらに数々の悪法を布いて香港の自由をなくしてゆく。

猫枕の夢——対話2

——猫枕というものがあるそうですが？

——私はこれをずーっと探していたんです。昔はどこにでも転がっているものだったらしくて、私も、七〇年代の終りに現物を店先で見た記憶はあるのです。ところが、欲しいと思ったときには、香港から姿を消していた。ここ数年探しつづけていて、それでも見つからなかった。それを最近ようやく九龍の中国百貨店「裕華」で発見し手に入れました。中国のものです。昔は良く使ったものらしい。聞くと誰でも知っている。「ああ、あれね！」という具合に。ところがどこにも置いてない。せとものの猫なんですけどね。ちょうど日本で言えば蚊取線香のブタのようなものかもしれない。香港のどこを歩いていても、陶器屋を見つければ必ず聞いてみました。「猫枕《まうちやむ》」に首をかしげるひとも、絵を描いて見せるとみんな知っている。それでどうかと言うと「ウチにはないけど」とくる。そうなると、ますます思いがつのって、私には「幻の猫枕」になったわけです。

香港だけではない。本土の省都・広州市でもさがしましたし、中山県の田舎街を通ったときでさえ、荒物屋があると、とびこんでたずねました。そこは珠河デルタの石岐という街だったのですが、結局、そこで発見できたのは、鋼鉄製の恐しい鼠夾《ネズミトリ》と、いま剝いだばかりの猫の皮だけでした。メシ屋の店頭に大きな板が立てかけてあって、その一面には、猫の皮が大の字になって四、五匹分、裏面には同じくヘビの皮がヌメッと拡げて張ってある。当店では「龍虎鳳《ヘビ・ネコ・トリ》」の豪華スープをやってますという、デモンストレーションらしい。ふつう香港だと、猫のかわりに果実狸とか麝香猫なんかを使いますが、本土では本物の猫入りです。それを見たときには、おっ、ネコ！　この街は有望でアル、となぜか直感したのですが、かんじんのセトモノの猫は見つからなかった。

　そんなこんなで何年かたって、ある時、先の「裕華」百貨店で顔みしりの店員に尋ねた。例によって「猫枕、ある？」と。そうしたら「有《やう》！」と言う。「好《ほう》、好《ほう》！」とか何とか言いながら奥から一匹持ってでてきた。茶色の釉薬のかかったやつで、これが出会いです。それまで何度聞いても、「そんなものはつくっていない」とか「もう（中国からは）来ない」と言っていた。それは嘘ではなかったと思います。四つの現代化をすすめる中国ではどうもあのようなものは、もうダメらしい。鄧小平にいわせれば、「白い猫でも黒い猫でも、ネズミをとるのが良い猫」なんですからね。そうなると猫枕なんかはひじょう

國貨公司　日本語で中国百貨店。英語ではナショナル・プロダクツ・ストアなどという。

に肩身がせまい。このところ、中国の猫族のなかでやけに羽振りがいいのは、例の大熊猫《パンダ》ですが、たしかに彼らは国家に多大な貢献をしたといえる。鄧小平が「黒・白猫」といったのは、じつは大熊猫のことだったのではないか――。それに、大熊猫の出身地は四川省ですから、鄧小平とは同郷ですね。当然、連中には鄧派の息がかかっていると見ていい。その大熊猫が二頭、親善動物大使の肩書きで、数年前、香港へのりこんできたことがあります。一時貸し出しということで、何か月かあとに連中は本土に引きあげたのですが、香港から猫枕が一掃されたのが、やはり同じ時期だった。証拠があるわけではありませんが、私は、そこに鄧・パンダ一派の策動があったと断定していいと思うのです。

その打倒されたわが猫枕が、中国百貨店が店卸しか何かで大掃除をした時にどこからかひょっこりと出てきた。倉庫の中で埃にまみれてただ一匹、その

これが猫枕　デザインは各種あるが、この型がオーソドックス。色は白または青が多い。

猫枕は眠りつづけていたのでしょう。

――どんなカタチをしているのですか？

――大きさは子供の肩幅よりややせまいぐらい。フットボールぐらいかな。高さは十センチというところですね。カタチは上から見るとほぼ小判型、横から見ると真中に鞍部があってそこに頭を乗せる。顔はバランスを失して大きく、耳はほんのちょっと突き出している。表情はちょうどチェシャ猫が目を閉じたような感じです。笑った猫がそのまま目を閉じて夢を見始めているという顔付をしています。

――なぜ猫なんでしょう？

――そこなんです！　といいたいところですが、じつはよく分からない。猫は十二支には入っていませんね。まあ龍虎鳳ということで言えば虎にいちばん近い。そういえば、香港では、家に死人が出た時は、

つながれた猫　香港では猫は自由を享受することができない。なぜか？　よく分からない。

猫をひもでつなげ、猫を走らせるなと言います。何かの〝使い魔〟というほどではないだろうが、意味動物のひとつではあるらしい。

まあ一番簡単な連想をすれば、猫はしょっちゅう寝ているから、これを枕にしてしまおうというのはあるかもしれない（笑）。いやあるいは壮大な神話論的意味があるのかもしれない。そうだ、十二支に入っていないというのがポイントなのかもしれない。きちんと意味づけされている動物では安眠できないとか（笑）。あえて意味を外す、関節外しの方法かもしれませんな。

——なんだかアヤシイですね。

——アヤシイね。大まちがいかもしれない。フランスの文化人類学者がブタの蚊取線香に過剰な意味を与えてしまうような、そんなことかもしれない。でも私のやっているHONGKONGOLOGYというものは多少そういうところがありまして、それはそれでいいのだということになっています。

香港的しぐさ――対話3

――香港的な身ぶりとかしぐさというものがあるのでしょうか？

――あると思います。ただし、それが香港に特有のものなのか、それとも中国人一般、または広東人一般の身ぶりなのかという、そのへんの区別はかなりむずかしいんですけども。

日本人と中国人は顔を洗うのを見れば区別がつくというのがありますよね。中国人は顔のほうを動かして洗うのに、日本人は手を動かして洗うから、一あッ、オマエ日本の特務アルな？」と、たちまちバレてしまったという。あれはヨタ話です。私の観察では、少なくとも香港人は例外なく手のほうを動かして顔を洗ってますから。しかし、歩き方はたしかに日本人とはちがいますね。彼らはもっとさっさと歩く。たとえばパリの街角に東洋人がいる。はじめはナニ人かわかりませんが、歩き出すと正体が分る。「ああ、日本人じゃないや」って。彼らは日本人のように膝を曲げて足踏み式にドンドコドンドコとは歩きませんから。それから、これも中国人一般の身ぶりですが、立ち方にも少し特徴がある。よく中国の要人などもやっていますけど、両手をうしろに回して、両足をやや開き、背中を丸めてアゴを出したポーズ。あれは香港人もします。ただし、本土のほうでは若者もするみたいですが、香港ではオジサンだけです。まったくちがうのは、行進のしかたとか、気をつけ、休めなんかのスタイルですね。香港の場合、完全にイギリス式ですから。

――やはり、香港でも、ひとはしゃがみますか？

――しゃがみますけど、よく、しゃがみこんだ尻の下に、日本の風呂場のいすみたいなのをあてがっていますね。お風呂イスより、やや丈は低いやつなんですが。この道具を橙仔《たんちゃい》といいます。本来は木製だったり、竹や籐でできたのもありますが、最近はプラスチックが多い。路上のもの売りはたいてい使っていて、乞食なんかも、持ち歩いていることがあります。イス文化としゃがみ文化の中間領域でしょうか。

一般に欧米人に比べると身ぶりやしぐさはそれほど大きくない。儒教的背景と関係があるのかないのかわかりませんが、日本人に近いと言ってよいかもしれません。ボディ・ランゲージによるコミュニケーションというものはそれほど発達していないよう

橙仔　屋台のお客は、まず長イスの上にのっかり、しかるのちソレを尻の下にあてがう。

に見えます。

――笑い方に特徴があると聞きましたが。

――これは、香港人のそれと中国本土の人間のそれを、はっきりと区別することができます。あちらの方はむしろかつてのジャパニーズ・スマイルと呼ばれたものに近い。恥ずかしそうに笑う、照れたようにニヤニヤしてしまう。ま、とても無邪気な笑いなんですが、香港スマイルはこれとはちがいます。彼らは意味なくニヤついたりすることは決してありません。むしろふだんは非常に警戒的です。若い女の子に声をかけて、こちらがよその国の人間であることが分ってもすぐに相好をくずしたりしません。眉をひそめて「なんか用？」という感じ。これは基本的にhostileな社会だからですね。だから結論を言ってしまうと、香港的微笑とは我と彼の間に何か利害関係を含む実体的な関係があること、あるいはそれをつくりたいと思う場合にのみ発動される。つまり赤の他人には笑いかけたりしないということです。で、どういう笑顔かと言うと、これがなかなか説明しにくいのですが、まず口をちょっと開けて歯を見せる。次に目の力を抜いて全体にニッという感じでだらしなくほおの筋肉をしかんさせます。香港製のカンフー映画や許三兄弟のスラップスティック映画（Mr. Boo のシリーズ）をご存じの方はお心あたりがあるでしょう。なんともだらしないようでそのくせタクラミを隠しているような微笑ですね。香港人が笑顔を見せる時には何か必ず意味がある。そういうことだと思います。

——ケンカのときは？

——日本人より間合をとって対峙します。これは蹴りのスタンスですね。香港の街で、何度かケンカをするのを見たことがありますが、いつも第一撃は蹴りでした。それから、身構えもちがいます。仁王立ちになるのではなく、斜に構えて、ヒザを柔らかくしている。

——ほかにはどんなのがありますか？

——面白いのは写真を撮る時のポージングですね。日本人はいつの間にかカメラの前でナチュラルポーズをとるようになりましたが彼らは必ずポーズをつけます。まあ伝統的に京劇の世界、見得を切る世界ではありますけど。「さあ撮るよ！」と言うと、女の子なんかは指を組んでその上に顎をのせ、あらぬ方向を見て笑ったりする。ひと昔まえのブロマイドのスタイル。風景に対して七三に構えて見せたりする。結婚写真[*1]などもそのでんでありまして、新郎新婦がこう、映画のポスターよろしくお互いに濡れた瞳で見つめあっている、なんてのがあるのです。

それから手を使ったサインは多用されます。

ポージング　これは、被撮影者の目線がカメラへ行っている、ごくまっとうなケース。

生きかたと死にかた――対話4

酒楼《レストラン》に入ってウェイターと目が合うと、こちらの人数を指で示す。あちらのやり方は片手で二ケタまでやれます。それを受けると店の人間の方も手で「了解」の合図を出します。これはてのひらを前へ押し出します。日本的慣習からすると拒否のサインに近いので初めは私もとまどいました。もちろんこの間両者は無言、ウェイターも笑ったりしません。

＊1　結婚写真は「婚照」。昨今ではプロの写真家を使って、香港各地でロケをするのも当たり前。海外ロケまであって、大阪の通天閣の下で抱きあうウェディング・ドレスとタキシードの香港カップルも目撃されている。

――香港的人生のスタイルを粗描していただけませんか。

――現在香港に住んでいる人間のうち大人の半数はそこ以外の場所で生れたひと、つまり中国生れです。人民中国の成立（一九四九年）前後にやってきたひとが多いんですが、本人が難民として逃げてきたか、あるいは親に連れられて、というケースですね。そういう一家は、まずともかく住む場所を探す。コネがなければ、当時だと難民アパートへ収容されるということになります。ここから始まるわけです。

父親がどこかへまず職をみつける。次に母親もなにか仕事を見つける。パートに出るとかね。それで子どもを学校へやる。香港には制度として義務教育はないのですが、現在、初等教育はほぼ無償で、就学率は非常に高い。社会の競争原理の中で学歴の持つ比重が高いからです。

それで、まず兄貴が学校へ行く。小学校、それから中学校ですね。中学は五年制で、中学・高校がひとつにつながっているやつです。中国語で授業をする学校もないではありませんが、やはり人気があるのは英文中学校《アングロ・チャイニーズ・スクール》で、これは就職に有利だからです。「國語」などをのぞいて授業は英語でおこなわれます。といってもふつうはイギリス人教師なんていないから、あくまでもローカルな英語ということになります。結果としては、英語の読み書きも中国語の読み書きもちゃんとできないというヘンな人たちが生れてくる。[*1] それから、よく香港人には、リチャードとかジェニーとか、英名をもっているひとがいるんですけど、この名前も、非クリスチャン家庭の子は——むろんこれが大部分ですが——たいていこの英文中学で獲得します。入学時に、教師が勝手につけてしまうことが多い。李小龍よ、本日からユア・ネームは〝ブルース・リー〟だ、というわけですね。ですから、英名をもっているかどうかは、

ステューデンツ　おそらく左はジャック、右はリチャード。そして中がエリザベスだろう。

この英文中学出身であるかどうかの指標と考えてもいい。

ふつうは、この中学校を卒業して就職するというのが一般庶民の子弟のコースです。大学へ行くためには五学年《フォーム・ファイブ》の上の進学コース――フォーム・シックスとかセブンとかいうんですが――でさらに一、二年勉強することになっています。大学は、香港大学と、もうひとつだけで[*2]、非常に競争率が高い。誰でも、というわけにはとてもいかない。そこで大半は中卒で社会に出ることになりますが、イギリス式の卒業認定試験があってその時の評価が一生ついてまわる。英語の成績がEだったりすると、履歴書にずーっとEと書かねばなりませんから、それで足切りをされてしまうわけです。

それで、英文系中学を出た人ですから、とにかく事務系の仕事につかなくてはならない。ホワイトカラーを目ざすわけですね。ホテルのスタッフなんかでもいいわけです。初任給は日本の半分というところですね。もちろん学歴や資格の有無によって待遇が格段にちがいます。大卒と中卒とでは給料が二倍もそれ以上もちがう。

かくして、サラリーマン生活が始まるわけですが、十七歳で就職して二十歳ぐらいまでに三つ、四つ職場をかえる。就職したその日から求人欄を見る。ちょっとでも条件が良い方へうつっていくのですね。それと多少野心があって小金を貯めていたりすると、一族のなかの誰かとか、昔の同級生なんかと語らってちょっとした町工場なんかを買収して事業を始める。名刺ばっかり五種類ぐらいつくって、いろんな会社をつくったりつぶしたりする。なにしろ会社なんて百数十ドルの印紙でつくれる。ペーパーカンパニーの本場ですからね。

しかし、こうして一応の社会人となっても親兄弟との結合は決して弱まらない。けっこう遊び好きの

密着指向　恋人たちはいつもベッタリ。体位は様々だが、全身の極度の弛緩が共通の特徴。

若者でも、給料の半分を家に入れるとか、ときには八割なんてこともあるのですが、そういうのはふつうのことです。というと、なんだかひじょうに封建的なというか、家制度の重圧のようなものを感じるかもしれませんが、かならずしもそうではありません。家というのはむしろ純経済的な組織で、そこへ再投資するという感じですね。で、兄弟がそうやってカネを出して、おやじが事業をおこすとか、そういうふうにカネが動く。

そうこうしているうちに結婚する。恋におちたりしてね。ただ住宅事情が非常に悪いのでなかなか結婚できないんです。ヘタをすると共稼ぎの片方の給料が全部家賃にとられてしまったりする。だから子どももおいそれとはつくれない。現在香港の半分ぐらいの人は公営住宅に住んでいますが、高い民間の借屋やアパートで暮しながらそこの申込みをする。するとウェイティングリストの十万何千番目かにの

カップル　夫二十九歳、自営。妻二十八歳、オフィス勤務。結婚四年目、子供なし。

せてもらえるわけですね。それと、もうひとつの方法は、すきまがあればどちらかの親の家へもぐり込む。ひとつの部屋のあっち側とこっち側に二段ベッドを置いてそれぞれに親夫婦と子ども夫婦が寝るなんてこともある。いつ子どもをつくったんだろう、なんて不思議な気がすることがあります。

さて、中年にさしかかると課題はなんといっても蓄財ということになります。金をためるというのは道徳的行為なんですね。日本とちがって社会的地位に関する規準がほかにない。金のない人間はいっぱしの人物として認められないのです。読書人あるいは文化人という観念はどちらかといえば成立しにくいところです。

老境に入った家長にとって最大の課題はファミリーの拡大と充実ということでしょうね。息子や娘たちの結婚、そして早く孫の顔が見たいということになる。それから少し金のある連中、特に中堅の商人

棺桶屋　古墳時代さながらの巨大な木棺。このカプセルに入るまで、香港人に安息はない。

たちは息子たちを世界のあちこちへばらまく。アメリカやカナダへやって、家族のネットワークを広げようとする。同時に財産も分散させて、いざという時に備えようとする。陳家はますます盛んなりというわけです。

さて最後に死に方というテーマがありますが、これはとにかく大勢の子どもや孫に囲まれて大往生というのが理想でしょう。死ぬ時に子どもがいないのは一番困る。特に長男がいないと困る。ヨヨと泣きながら葬列の先頭を歩いてくれる人がいないからですね。そのためにエキストラの子ども役をレンタルする商売もあるんです。それからこの最後の儀式に不可欠なのは棺桶。なるたけ大きくて立派な棺桶、これが買えないと死にきれません。しかし、香港はなにぶん土地が狭いので、最近は火葬を奨励しています。で、老人どもは、恐慌をきたしているわけです。親不孝な息子たちに焼かれてしまうんではないかと。

＊1 返還後の教育制度改革で英文中学は大数派ではなくなった。普通の学校は母語（広東語）で授業をする。
＊2 現在は五つ、六つある。

香港的体験——対話5

——香港体験というものについてしゃべって下さい。

——こういうことは言えると思います。たとえばあなたがヨーロッパを旅行したとする。その旅先であなた自身がヨーロッパの人間にまちがえられることはまずないでしょう。東洋から来た人間はまず外見からはっきりと区別されてしまう。これはこれでもちろん意義のあるひとつの体験ではあります。でも私はそれは「異人」との出会い、または「異人」の立場に身を置いてみること——つまり、異人体験だと思う。「外国人体験」というものはもう少し高級なものではないかと思うのです。我々と同じような顔をした人間たちのいるところ、つまりこれはアジアということですが、そこではじめて我々は「外国人」に出会えるのではないか、私はそんな風に考えています。相手も自分も同じ顔をしているということが、相手を外国人、自分を外国人とみとめる時の大前提だと思うのです。その意味で香港は非常に好都合な場であると思います。

また、香港が好都合だというのは、たんに人口の九八・五パーセントを、私たちと大むね同じ顔つきをした中国人が占めているからだけではありません。ヨーロッパ的な意味でいえば、「都市」という空間は外国人に開かれていなければならない。というよりもっと積極的に、外国人の存在を不可欠の要素としてそこへ取り込んでゆかないと、そもそも都市というものは成り立たないのじゃないかと思うのですが、その点でも香港はかけがえのない「場」です。都市・香港には、ちゃんと「外国人」のための居場所がある。よそ者と「本地人《ぶんていやん》」——香港人は地元の人間をそう呼ぶのですが——を相対化する視点と機能をもった、アジアで唯一の都市らしい都市だと思います。この面についていうと、わが東京はおそろしくダメなところですね。

とまあ、そんなわけで、香港は外国人体験を楽しむ(!)には格好の場であるのです。飲茶のテーブルにまぎれ込んで新聞でも読んでいれば、なんとなくそれですんでしまう。バスの中で隣の客から行先を聞かれたりする。店屋に入るとそこの人間がとなってくる。よく分らないので「あー、うー」といいかげんな返事をしているとそれはそれで通ってしまう。「ハイ、ハイ」と生返事をしたっていい。北京語（普通話）なら、YESは「是《しー》」でしょうが、広東語では「喺《はい》」ですから、向うは勝手に納得してしまいます。そもそも香港ってのは応対のいいかげんな社会で、それに助けられる部分もあるわけですが、なんだかいつの間にか香港人のひとりになってしまっているような錯覚におちいる。こういう気分が、正しい外国人体験だと思います。そしてこれは一度やるとやめられないような種類のものなんですね。女装趣味の男が、だんだん大胆なシチュエーションにのめりこんでいくみたいに、こわいことになってゆきます。ある時警察署の前で警察官募集の立看板を眺めていたら、いきなり後ろから肩をつかまれて中へひっぱり込まれてしまった。ワイワイって広東語でまくし立てられて、つまり警察官になれってわけですね。これは、ほんとうにドキドキしました。ちょっと不思議な快感で、こりゃいかんと思いました。

だから香港体験というものがもしあるとすれば多分そういうところにあると思う。内側に近いところから異文化を観察することができる。これは異文化体験としてかなり面白いものだと思います。

――香港の面白さについてもう少ししゃべって下さい。

――香港は社会であって国家ではないという基本的な性格を持っていますよね。行政機構は最小限のことしかしない。自由放任というやつですね。福祉という考え方も薄いし、制度としては義務教育もないい死ぬ自由もあるし、行き倒れの自由もある。何もないけれど自由はあるわけです。自由だけしかないと言ってもいい。

ことばを変えると、何も定まらないところと言っても良いかもしれませんね。歴史とかアイデンティティ

竹戦　麻雀は香港競争社会のシミュラークル。レッスンは少年少女時代からおこたりない。

ティーとかをはじめから持たないような、持てないようなシステムになっている。いつも「今」があるだけ。香港人を何年やっているとか、三代前から香港人だとか言っても仕方がない。「今」から近未来にかけてだけ人々の目は向いていて、そこで動いている社会、その身の軽さは悪くないと思う。

たとえば、おカネですが、日本のようにお金の社会とそうでない社会という二重性がないんですね。お金が単一の原理。その原理をベースに、制度的には誰も参加していないけれど、社会というものがそこに自立的に成立している。つまり「資本主義コミューン」というわけです。

——住むにはいいところですか？

——街を歩いている限りでは誰もが平等です。肩がぶつかれば相手もどなるし、こちらもどなる。その気があれば中へ入って行くことができる社会だと思います。でも街のエネルギーに負けないだけのパワーが必要ですね。疲れている時ややる気のない時に行くとあんな苦しいところはない。そんな時はパリみたいな都市が懐しくなる。とにかく太陽はうわあっという感じで昇って照りつけるし、湿度が高いから水滴が滝みたいに壁を伝ってくるし、その中で「ヤルゾ!」ってがんばらなきゃならない。柔軟さと、打たれづよさ、そんなものが必要ですね。かたく構えるとあそこはダメだという気がします。なんかこう、すり抜けて行く感じがいいと思う。

社会全体が前に向って逃げて行く社会ですから、フットワークはひじょうに大切です。一九九七年まであと十数年、ハードルはもう見えてしまっているわけですが、それでもなんとかなるんじゃないかと考えている。逃げられるのではないかと考えているのですね。これはちょっとすごいと思います。

　彼らのインターナショナリズムも大変なもので

す。陳美齢ことアグネス・チャンは、米中仏伊合作の『マルコ・ポーロ』に出演したことで、それまでの台湾マーケットを捨ててしまったのですが、その彼女は香港がいよいよダメになったら、いっそ北京でつけてきたコネを使って、あっちで音楽の先生でもやろうかナ、なんて笑ってます。どこの国の人間にもなってしまう。少し金のある連中は自分の子どもたちを、たとえば長男をカナダ、次男をアメリカ、三番目はスイスというふうに外国の大学へやって、むこうで市民権をとらせたりする。華僑のセンスですね。実は広東省というのは福建省とならぶ華僑の故郷なのです。彼ら広東系華僑の九〇パーセント以上が、珠河デルタ一帯——つまり、香港や澳門《マカオ》の後背地ですが——から出てきた人々。ですから香港をセンターにして世界中のチャイナタウンはひとつのネットワークで結ばれている。チャイナタウンはだからゲットーであると同時に島宇宙です。日本の明

渡海　香港人は毎日フェリーで水上に出る。そしてある日、大きな海を渡って遠い対岸へ。

治以来の海外移民は、どちらかといえば棄民というか、つまり国に棄てられた人びとですが、中国のそれはちがいます。どちらかといえば「棄国」。国を捨てて出ていった人たちですからね。アイデンティティーのありかたがちがいます。根には強固な「中国人」という思いがあって、あくまでそれが核です。文化的アイデンティティー、中華思想というとえらく格好がいいけど、箸と茶碗でメシ食っている間は中国人だ、みたいなものがあるんですね。

とにかくいざとなれば逃げ出す。人生のスタイルをそういうものとして考える。国際主義もそことつながっている。この辺は私にとってすごく面白いところですね。

Ⅳ　香港人の素顔

九龍／旺角《うぉんこ》　山東街《さんとんがい》　午後3時30分

ナニヲ食スカ？　と注文をききにきたおやじは、半ズボンにランニングシャツ姿である。これは香港なら、どこでも同じだ。そして、おやじの仏頂面。これも、ハンで押したようにどこでも同じなのだった。

――えーと、叉焼……、うん叉焼飯《ちゃしうふぁん》ね。

　やや逡巡があったのは、となりの男の雲呑麺に、ちょっと私の心が動いたからだ。下は地べた。汚い折りたたみテーブルのうえには、ジャラジャラと筒にさした竹の箸。それから、欠けたコップに出がらしの茶が一杯。これが屋台の食べもの屋の道具だてのすべてだ。汚いのはしかたがない。ただし、味はなかなかの水準にあるから、だいじょうぶである。

　路上に固定した屋台のまわりにイス・テーブルを並べたこの手の店を、大牌檔《たいぱいとん》という。屋台によって、粥檔、麵檔と、それぞれ専門が分かれるが、いちおう酒楼《レストラン》と同じメニューをこなせるだけの用意がある店もある。そんな店は、ねだんもそれなりのことをいう。

　待つこと一分で、わが叉焼飯の皿はテーブルへドンと登場した。金を払う段になっても、相変わらずおやじは仏頂面である。

越境者たち

周さんは広東人のなかではめずらしいほど色白で小柄な、二十四歳の女のひとである。とてもそんなふうには見えないが、すでに結婚していて、子供もいる。また、なかなかおしゃれなひとでもあって、いつもお化粧をし、流行の服を身につけていた。香港のまち娘の、ひとつの典型的タイプだな、と私は最初に彼女を見たときに思った。

彼女は英語をほとんど解さないが、広東語以外に香港でいう〈國語〉すなわち北京語《マンダリン》（普通話）を流ちょうに話す。こう聞いただけで香港の人間ならば、この若い女が何者であるかは、すぐにピンとくるはずである。

なぜなら、もし彼女が香港育ちだとすれば、こんにちでは中学校からはほとんどの学校が英語で授業をしているわけだから、広東語以外の第二言語といえば、まず英語ということになる。北京語ができるのは、意識的に学習したインテリでなければ積極的な「北京派」の人びとだと思ってまちがいなく、またそれほどのひとは、たいてい英語も解することになっている。だから、英語がだめで北京語が流ちょうというケースは、若い世代のあいだではひじょうに少ない。そこでたちまち、このひとは中華人民共和国からやってきたひとなんだなということが、わかってしまうのである。

周さんが香港へ〈越境〉してきたのは、彼女が十九歳のときである。それも正式な手続きをとっての合法的な越境ではない。すこし古めかしい〈西側〉の用語を使えば「フリーダム・スイマー」ということになるが、香港の血縁をたよって、中国側から命がけで海を泳ぎ渡ってきたのである。

ひと晩かかって南シナ海の暗い入江を横断し、明け方香港側〈新界《ニューテリトリー》〉の無人の海岸にたどりついたあと、彼女もまた多くの越境者と同じようにこの植民地の都会で職をみつけ、やがて恋をし、結婚して子供を産んだ。それから五年。いまの彼女に、髪をおさげにして陽に焼けた頰をしたかつての中国の少女のおもかげはみじんもない。香港というところは、世界のどの都市にもまして、時間が圧縮して進行するまちだろうと思う。

歌が得意な周さんは、日本の歌手や流行歌などにもなかなかくわしいのだが、私のリクエストにこたえて、中国の歌をくったくのない声で歌ってきかせてくれるとき、彼女はふと中国の少女にたちもどる。「東方紅」や「国際歌《インタナショナル》」、それに人民解放軍の「三大規律八項注意」といった革命歌が、あかく口紅をひいた彼女のくちびるからつぎつぎと流れだすと、なぜか私はわけもなく感動してしまうのだった。

周さんには、六つか七つ年上の姉がいて、このひともまた妹よりさらに数年早く香港へ泳ぎ渡ってきた不法越境者である。お姉さんのほうは、その後日本語を勉強して、いまは東京で自活しながら洋服のデザインを学んでいる。

周家の姉妹があいついで中国を去ることになったそもそもの原因は、プロレタリア文化大革命にある。いまも広州にいる彼女たちの父親というひとは、以前は華僑で、人民中国の成立とともに帰国したいわゆる愛国的民族資本家のひとりだが、文革の嵐のなかで仮借ない批判にさらされることになった。

やがてそのホコ先は娘たちにも向けられ、「ブルジョワ」出身として紅衛兵、紅小兵になれないのはもとより、教室では父親を悪党と認めることを強要されもした。学校のいきかえりの路上では、毎日彼女たちに罵声がとんだという。

ほとほといやになった姉がまず心中深く決意し、折よく香港との境界に近い農村へ下放されたチャンスをとらえて、決意を実行にうつした。累が及ぶことをおそれて、家族にも計画は一切話さなかったという。

ところがこの姉の場合は、一度で成功した妹とちがって、挫折すること二度。いずれもどたん場で中国側官憲にとりおさえられ、それぞれ数か月ずつ、一種の懲罰・矯正所のようなところへほうりこまれている。が、彼女は少しもコリることなく、ついに三度目の正直をモノにするのである。このときは同志の女の子ふたりと、闇夜の海面を八時間泳ぎぬいたというから、文革中に老毛沢東が長江に遊泳して範を示した中国の人民皆泳キャンペーンも、とんだところで功を奏したことになる。

そしてこの長江精神は、毛沢東亡きいまもしっかり堅持されていて、行く手をはばむ水面を決して恐れない周さん姉妹のような強行越境者は、一時ほどではないにせよ、あいかわらずあとをたたない。しかし、このところ英中関係はかつてないほどうまくいっているので、不法越境者に対する香港側の態度は、かつてないほど厳しいものになっている。

なにしろいまや、香港政庁の高官が「中国の意向にそむいてやってきた者は、香港の意向にもまたそわない者である」と発言してはばからないご時勢なのだ。かつて香港が「自由世界への抜け穴」だった頃とは、まるで風向きがちがう。ベトナムから小船でのがれてきたベトナム人は「難民」として扱われるが、中国からのそれは、こんにちではたんなる「不法移民」にすぎないとされているのである。

もっともこの方針は、イギリスと中国の双方の原則的立場にかなったもので、香港は不法移民を追い返す一方で毎月一定の数だけ中国側が許可した「合法移民」を受け入れている。むろんこうした大量の人口流入は、超過密都市香港にとって大問題にちがいないが、イギリスはこれを拒否するわけにゆかないのである。

というのは、イギリスが香港領有の合法的根拠としている清朝とのあいだに結んだ南京条約には、中国人の居住往来は自由という一項があるからであり、また一方、この条約を不法かつ無効とする中国側にも、移住をまったく禁止するとスジが通らなくなる事情がある。自国の領土に自国民が住みつくこと、これは当然の権利だからである。しかし実際には、移住許可をとるのはひどく手間のかかることであるらしく、老人や子供ならまだしも、労働力たる青・壮年の場合は相当にむずかしいといわれている。したがって、許可されない人びとと待ちきれない人びとは、サメの出没する夜の海へ、あえて泳ぎださざるをえない。ちなみに、東京で会った姉のほうの周さんが私に教えてくれた決行時の装備は、次のようなものである。

まず、越境地点の海岸にたどりつくまでと泳いでいるあいだの栄養補給用として、多量の砂糖とタマゴと粉をつかったケーキ状の固形食糧をこしらえ、ビニールでくるんで防水する。それから浮き袋の代用に、バレーボールとかサッカーのボールを一個。これは内側のゴムだけをとりだして、小さくたたんでもってゆく。本物の浮き袋は、検問にひっかかったときに言い訳がたたないので、よろしくないそうだ。その他最小限のものを例の緑色のズックの肩かけかばんにいれてゆく。スイム・スーツとしては、半そでのシャツとショートパンツがよく、彼女が成功したときには、そっくりこの装

路上人　物乞には生きにくい街。泣き言を書き並べても（左上，下）効果なし。

ユニフォーム　皇家香港警察（これは冬服，右下)。半島酒店（上)。天星小輪（左下)。

備だったという。

そして、もっとも重要な越境地点の情報などは、すでに成功した人びとによる香港からの連絡に加えて、中国側にもアンダーグラウンドのクチコミ情報網があり、けっこう確かなニュースが手に入るのだそうである。

このあいだ久しぶりに会ってきいたところによると、妹の周さんは、若い亭主と子供の三人で、ちかぢかアメリカへ移住するつもりだという。香港にはいい働き口がないので、ニューヨークのチャイナタウンにいる血縁をあてにして、そっちで暮らすことにしたらしい。こんどは少し遠すぎるから、泳いではいかれそうもない、と、彼女はふたたび海を渡る決意を、いつものようにくったくなく笑いながら口にした。

そのとき周さんから、東京の姉さんに渡してほしいと、包みをひとつあずかった。なかみは金色のハイヒールである。彼女の姉は、てっとり早い生活費かせぎとしてナイトクラブづとめをはじめたということで、ついてはくだんのハイヒールが入用だから、安い香港で買ってほしいと妹にいってよこしたらしい。

鄧麗君《テレサ・テン》に面立ちの似た東京の姉のほうは、人民中国をあとに資本主義世界の海岸に上陸してから、はや十年余。つとめをおえた深夜、おそらく新宿駅か池袋駅か、金色のハイヒールをはいて終電のプラットホームにひとり立つ彼女を私は思いうかべる。

もしそのとき彼女が、ほろ酔いかげんのいい気分で、子供の頃歌った歌でも口ずさみたくなったとしたら、口をついて出るのは、やはりあの時代の中国の歌ということになるだろうか。

〽人民のものは　糸ひとすじ針一本　とってはならぬ……

同じホームで電車を待つ千鳥足の男たちは、となりに立つホステスの鼻歌が、もう中国でも誰も歌っていない解放軍の革命歌――「三大規律八項注意」だということに、おそらく気づきはすまい。

ロレッタの青春

たとえば東京からなら直行便で四時間足らず。まっすぐに南下してきた飛行機は海上で右に偏針しながらふわりと高度をさげ、そのまま雲を突きぬけて急角度で着陸姿勢に入る。

われわれがはじめて香港と対面するのはこのときだが、いきなり眼下に大都会が、ぱっとまるごとあらわれる。徐々に畑や人家がふえてきて、というのではない。まるで手品のように、空に立ちあがる白いビル群と密集した市街が、こつ然とすでにそこにあるのだ。

こういうところが、香港はいかにも気がきいていると思う。スモッグのなかからねずみ色の東京がぼんやりと近づいてくるかつての羽田や、いも畑に不時着するかんじの成田とは、まずその第一印象がちがう。輝くヴィクトリア港と緑の香港島、点々と山腹に建つ白いコロニアル風の家、紅い帆のジャンク。ああ、ラブ・イズ・ア・メニー・スプレンダード・シング、と、こうくるのが香港というものなのである。

ところがロレッタ・李は、こういう香港、そこへいったことがない日本人でさえなんとなく知っている香港の風景を、十四のとしになるまで一度も見たことがなかったという。彼女は生まれこそ広東省だが、生後一歳で来港してその後はずっと香港で育ったことし二十一歳の中国娘である。

あの中環《セントラル》に立ちならぶ高層ビルも、九龍の繁華街彌敦道《ネイザンロード》も、港の外国船も、したがって例の百万ドルの夜景なるものも知らないで大きくなった。このせまい香港に暮していて、そんなことがいったい可能だろうか？

可能だ、と彼女はいう。

彼女が育ったのは香港島や九龍の市街地ではなく、その背後の新界である。新界というところは、われわれが空から最初に出会い、そのまんなかへ降りていく香港とは、たしかにまったく似ても似つかない、もうひとつの香港だ。

歴史的な背景からいえば、阿片戦争でまず香港島を武力占領した英国は、味をしめてつぎにヴィクトリア港の対岸の九龍半島の割譲をせまり、さらに後年、清国の弱体につけこんで内陸深く深圳《さむちゃんほー》河までの地域を租借することに成功する。これが今日の新界で、面積は香港島と九龍の十倍以上。周辺二百いくつかの島もそこに含まれる。強盗まがいの手口とはいえ、いちおう英国領になった香港・九龍とちがって、新界は九十九年期限の租借地（一九九七年に切れる）であるうえ、九龍半島とのあいだを山にさえぎられているので、開発は進んでいない。いわば香港の農村地帯である。過密にあえぐ九龍から山ひとつ越えると、そこにうってかわってのんびりとした田園地帯がひろがる。人家はまばらで、風景は地つづきの広東省の農村となにほどもかわらない。街道ぞいには、農産物の集散地として発達したマーケット・タウンがいくつかちらばっていて、ロレッタが育った元朗《ゆんろん》のまちも、そのうちのひとつである。

いまは香港島にひとりで下宿しながら湾仔《わんちゃい》のブティックにつとめている彼女の案内で、私はいちどバスにのって彼女の育ったまちをみにいったことがある。そこは、土の臭いのするまちだった。ほこりっぽい街道にそって、石造りの商店が不規則な背の高さでならんでいた。カンフー映画のかかった映画館のわきを入ったところにある餐廳《レストラン》で、コーヒーを飲み、それから彼女について小さなまちのすみずみまで歩きまわった。

市場には、ひさしのまわりに黒い布のついたかぶりものを頭にのせた、客家《はっか》の老婆たちがしゃがんでいたし、まちはずれには彼女がかよった小学校があって、そこから先はまた田園がひろがっていた。日本の田舎まちより、風景ははるかに乾燥している。こういうまちを東ヨーロッパのどこかでみたような気がした。

この元朗から九龍へはバスで数十分。香港の尺度では相当な田舎だとしても、もとよりたいした距離ではない。九龍から新界のいちばんはずれ、つまり中国との境界地帯まででも、のろのろの九広鉄道でたかだか一時間。車ならそれ以下でいくから、元朗から香港・九龍の職場へかようひとも、こんにちでは決してすくなくない。したがって、彼女が十四歳までいちども香港をみずにいられるというような事態は、そこになにか特別な事情というものがなければ、とうてい起り得ないのである。

そういうと彼女は、それが広東人の特徴だという黒い大きな瞳をクルリと動かして、事情は大ありだといい、しかし、と留保をつけた。

「私がヴィクトリア港をみたことがなかったというのは、べつにそれほど驚くことでもないわよ」

けげんな顔をする私に、彼女は中国本土の方向を指さしていう。

「わたしは、あっちからきたんだもの」

うかつなことにここ香港にいながら、このあたりまえのことを私は意識したことがなかった。ここへ流れつく中国人たちにとって、ヴィクトリア港は、広大な大陸がついに尽きるところとしてあるのだ。彼らの香港は、華南の平野を南へ南へと下ったところにある。運のいいひとならば鉄道で、そして五〇年代の混乱期ならば徒歩で深圳河を渡ったつらい旅の終わりに、越境者たちは、ようやくこの南シナ海を背にした大都会にたどりついたのである。

だから、中国人の思いのなかにある香港をめぐるこの方向感覚は、ヴィクトリア港のまんなかにいきなり空から降りてくるわれわれのそれとは、正反対になる。われわれがヴィクトリア港から九龍半島をながめ、山のむこうの新界とそのかなたのはてしない中国大陸の広がりに思いをはせるとすれば、中国人はいかなる場合にも、まず広東省からはじめ、新界があり九龍があって、対岸に香港島があるという順序で連想をたどるにちがいない。ロレッタが自分のやってきた方角を指さしたのは、このことであった。

そして、十四歳のある日、彼女は長い中断のあと、再び南へと旅立つ。ロレッタはバスに乗って生まれてはじめて九龍の突端、尖沙咀《ちむさあちょい》へ行き、そこで彌敦道を歩き、ヴィクトリア港にうかぶ外国船と香港島をみた。ひとりでいったのではない。当時彼女が姉貴分として慕っていた年上の少女がいっしょで、この姉貴分が彼女を尖沙咀のダンスホールにつれていったのである。つまりこのとき、ロレッタはかけだしの不良少女だったということになる。

「なにしろ、子供をまちへ連れていってくれるような親ではなかったから、いまに大きくなったら自分で行こうと決心していた。それがようやくかなったのだから、どれだけ幸福だったかわかるでしょ？」

「大きくなったら」って、まだたったの十四歳じゃないか、というのは日本人の見方だ。香港では十四歳なら、階層によってはもう一人前である。ロレッタは、十二歳のときからもう元朗の工場で働きはじめていた。

彼女が話してくれた、十四歳まで香港を知らなかった事情、または十四歳で香港を知ることになった事情というものは、少々特殊なケースではあるとしても、こんにちの香港社会のある側面がうかがわれて興味深い。

赤ン坊の彼女をかかえ、難民として単身越境してきたロレッタの母親が香港で再婚したとき、ロレッタは満四歳だった。相手の男も再婚で、元朗におちついて夫婦で〈士多《しいとお》〉をはじめたのはよかったが、この新しい父親というのがさっぱり商売に身を入れなかった。〈士多〉というのは英語の〈store〉の音訳[*2]で、いわば小規模な食料品雑貨屋。最近は超級市場《スーパーマーケット》などの進出のせいで市街地では数が減ってきているが、いぜんとして香港のどこの通りにもあるもっともポピュラーなみせ屋のことである。ジュースにコーラ、アイスクリーム、タバコ、カン詰などに加えて、簡単な文房具やゴムぞうりなども置く。また奥の土間にテーブルをならべてソバやコーヒーを出したり、マージャンのパイを貸して同じテーブルで雀荘の営業をすることもあるが、ロレッタの家の〈士多〉がこのスタイルだった。

ところが父親は自分自身がマージャン狂いなので、店番はそっちのけで朝から雀卓をかこむ。ロレッタは学校から帰ると毎日夜おそくまで店を手伝った。にもかかわらず結局商売はジリ貧で、彼女は小学校を終えるとすぐ働きに出されることになった。

当時の元朗でも、小学校卒ですぐ工場に勤める子供は、そう多くはなかったという。

最初に働いたのは元朗の近くの婦人下着工場で、毎日八時間労働。しかし十二歳の子供では正式にやとってもらえない。そこで彼女は他人の身分証を借り、十六歳といつわったが、大柄だったのと年のわりにませた顔立ちのおかげで、十六歳でも通用したのだという。月給は五百ドル（二万円）で、その七割以上を母親に渡していた。そうするものだと思っていたので、不満はなかった。彼女の場合にかぎらず香港では、いまだに家族制度が生きていてうまく機能しているので、給料の半分以上を家に入れるという殊勝な若いサラリーマンやＯＬは、けっしてめずらしくない。

ともかく一年のあいだ、ロレッタはけなげな若年労働者として工場で働いた。べつに文句もいわなかったのは、そのうち中学校へやらせてやるという親の約束をあてにしていたからである。ところが、案の定約束はホゴになり、二年目からは別の工場に、こんどは住みこみでやられることになってしまったのだった。

失望と落胆のなかで、あとはおさだまりのコースを彼女も突っぱしりはじめることになる。新しい工場に移ってひと月目、まず彼女は、年上の男とかけおちする工場の仲間の女の子に同情して、なぜかいっしょについてゆくのである。かけおちした女の子は同いどしの十三歳、年上の男というのが十七歳だった。

士多　新界のマーケット・タウンに残る、トラディショナルなタイプ。上は、その店内。

これは一週間目に、三人そろって男の部屋にひそんでいたところを、やってきたおまわりの手でご用となる。しかしまあ、おまわりにつかまったぐらいは、それから彼女が体験したことにくらべれば、なんということはなかったといえる。

家へ連れもどされたロレッタは、その日から一室に監禁され、それからしばらくは逃亡、監禁、また逃亡のいたちごっこがつづいた。そしてある日、義父はあろうことか彼女の足首に鉄のくさりをかけ、それをつくえの脚に固定してしまうのである。絶対に逃げだすことができなくなった彼女の牢獄に、やがて一台の工業用ミシンがもちこまれる。毎日一定のノルマをこなさなければ食事を与えないというおどしのもとで、その日からロレッタは、足首にくさりをつけたまま、孤独な奴隷労働につかなければならなかった。近所の住人たちは事情を知らなかったわけではない。だが、誰ひとり彼女を救い出そうとしてはくれなかった、という。

「ちょっと信じられない話でしょう？　だって、わたし自身が信じられないくらいだもの」

そういって彼女は、このすさまじい身の上話にすっかりぎょうてんしてしまった私の顔を、愉快そうにのぞきこんだ。ロレッタは南国の娘らしく、色浅黒く身体はあくまで頑健。多少おおざっぱなところがあるとはいえ、オープンで底抜けにくったくのないところが美点である。

そして、ついに彼女が文字通り家族の足かせを断ち切る日がやってくる。その後カソリックの洗礼を受けたという彼女は、その日おこった奇跡を、あれは神の意志だった、と真剣な顔でいう。くさりでつながれて数週間たった、ある夜のことである。絶望に泣きぬれて石の床にたたきつけた足かせの南京錠から、カチリという音がして、気づいて手にとると錠は自然にあいていた。

脱走した彼女は、香港名物の〈黒社会《ヤクザ》〉の末端組織の、そのまた予備軍あたりのところへ身を寄せ、そこで幼い、しかし必死の自立を果す。そしてある日、姉貴分に連れられ、はじめて九龍尖沙咀行きのバスに乗るのである。生まれてはじめて香港を見た十四歳のあの頃が、いまでもいちばんすばらしい日々だったと思う、とロレッタはいう。

十四歳の終わりから五年間、彼女は寄宿舎から毎日中学校《ミドル・スクール》（五年制）に通った。中学へ行く夢がかなったのは、まったく不良少女になったおかげだった。手入れでつかまった彼女に裁判所は、家族に引き渡すのは不適当との決定をくだし、香港島にある施設へ送ってくれたからである。英国施政下の香港では、施設の待遇はむしろシャバより上等である。素質を認められたロレッタは希望通り中学へ進み、いまでは流ちょうな英語をしゃべる。

ロレッタは私の広東語の先生で、また私は彼女の日本語の先生だった。最初にあいうえおを教えると、次の週には完全に書けるようになっていた。一歳で深圳河を渡り、十四歳でヴィクトリア港をみた彼女は、順序からいけばその次の南シナ海を渡ることになるかもしれない。

このあいだ彼女は、インド人の青年と婚約した。しかし、以前からのオーストラリア人のボーイフレンドとも、その他大勢とも、切れた様子はない。そのへんの事情をきくとエヘヘと笑っている。香港では小娘にさえ、こうしたひとかどの人物がいる。

＊1　映画『慕情』の主題歌の歌い出し。「映画音楽」というジャンルがあった一九七〇年代以前には、たいへんよく知られたスタンダード・ナンバーだった。
＊2　この「士多」をひっくり返して「多士」にするとトースト（パン）の音訳になる。

ドミニクの日本体験

その夜も私は九龍土瓜湾《とうかあわん》の陳の家へあがりこみ、遅くまで彼とその奥さんを相手に話しこんでいた。陳は二十六歳。いちおう「青年実業家」ということになるかもしれない。すこしでも野心のある香港の若者ならみなそうするように、いま最初のステップとして、仲間と共同でプラスチックの町工場を経営している。二年ばかり日本に留学してデザインを学んでいたことがあり、現代の東京の若者がしゃべるような日本語をしゃべった。

奥さんも同いどしで、彼らはとても強く愛しあっている。——そういう月並みな表現を絵にかいたように、この若い広東人のカップルは仲がよかった。ふたりは、(それが香港の若い世代のすでに身についた文化なのだが) おたがいを抵抗なく英名で呼びあっている。陳はDominique奥さんはReginaといい、日本語で書けば「ドミニク」と「レジーナ」だが、この日本語表記がすでになまっているように、彼らがおたがいを呼びあうときも、それは広東語風になまっていて、私の耳には「トミニク」「レチナ」と聞こえた。

レジーナは航空会社のオフィスに勤めているので、よく洗練された英語を話すが、日本語はまったく解さない。一方ドミニクの方は、自分で英語は不得手だと思っていて、じじつ日本語の方がはるかにじょうずである。また、私の広東語はというと、なにかいうたびに相手が「うまいうまい」といちいちホメてくれるというていのものだから、ご愛敬ではあっても、実用にはまだほど遠い。

それで、その夜もわれわれ三人は、はじめ英語ではなしをしていた。おかげでレジーナはごきげんだったのだが、ドミニクにはそれがじれったい。私の英語がつっかかるたびに日本語で助け船を出しはじめ、しまいには彼女を無視してとうとう大っぴらに日本語でしゃべるようになってしまった。

当然、彼女はおいてきぼりにされておもしろくないから、仏頂面になる。

「じゃ、どこかおもてで、ゆっくりふたりではなしましょうよ」

目くばせしながら、彼は日本語でそう私をうながした。それを機に、われわれはレジーナをおいて、結果としてはおもてへずらかるようなことになった。

「いいのかな？」

「だいじょぶ、だいじょぶ」

私が気にしたのは、香港の若いカップルが、（たぶん西洋の悪影響で）いつもべたべたとくっついていたがることを知っているからなのだが、今夜は平気だと彼は請けあった。

「どっちにしてもレジーナは日本のこと、あまり興味ないからね。わたしたちのはなし聞いても、おもしろくないよ、きっと」

たしかに彼女は、日本について興味がないというよりは無知で、しばしば見当はずれの質問を私にしては、ドミニクにたしなめられていた。そのかわり彼女は、いうなれば英国派で、それが香港のオーソドックスであり主流派なのだが、意識的に訓練したみごとな発音の英語は、中国人ばなれした水準をいっている。

かたや夫は日本びいきで、かたや妻の方は英国派。ひとつの夫婦のなかにも、錯綜した外国との関係が影を落としている。いかにもそれは、この国際都市、植民地香港という特別な社会にふさわしく思われた。

ドミニクと私は、深夜の露地裏にそこだけ店をあけている汚ない粥屋をみつけて、殺風景な裸電球の下でパイプ脚の折りたたみテーブルについた。彼はよく気のつく男である。

「ごめんなさい。わたしの奥サン、毎日朝早いもんだから、眠くなってしまうんですね」

いやいやこちらこそ。いつも長居をしてしまって申しわけないと思っていると、私は恐縮していった。

「いいえ、いいんです、いいんです。わたしの方がはなしをしたいんですからね。日本のことはなしするの、わたしとても好きですから、ほんとに」

こんどは彼の方が恐縮していい、それでも足りないと思ったのか、さらにつけ加えてこんなことをいった。

「わたしね、日本人で好きなひと三人いますけど、あなたはそのひとりですよ」

そりゃまたどうも。やぶからぼうに妙なことをいわれたものだから、もうすこしで私はレンゲですくった熱い広東粥をひざのうえにこぼしてしまうところだった。

三人って？

「ええ。あなたでしょ、それからYさん」

ドミニクは、このあいだ香港へ遊びにきたときに彼にもひきあわせたことのある、私の友人のYの名をあげた。よく気のつく男である。

「それからもうひとりは、留学しているときに東京のわたしの下宿のそばに住んでいた、友だちだった男のひと。ええ。この三人くらいかな……」

ひとりごとのように彼がいうのを、テーブルのうえにあごを突きだして粥をすすりながら聞いていて、私は少しばかり暗い気分になった。ドミニク・陳が日本びいきであることは、本人も認めているし、またそうでなくては二年間もそこにいられるはずがない。にもかかわらず彼は、かならずしも日本人びいきではないのだといま私にいおうとしているのである。

私は、東京時代の彼には一度しか会ったことがない。親しくつきあうようになったのは香港にきてからだから、結局彼は東京にいた二年のあいだに、たったひとりの日本人にしか好意をもつことができなかったということになる。そう考えると、私はさらに暗い気分になった。

ドミニク自身についていえば、物腰やわらかく親切で、見てくれも上等。明るい性格で、どちらかといえば社交的な若者の部類に入るだろう。彼が日本人との交渉を避けて、とじこもるように東京で暮していたとはとても考えられない。つきあう日本人にめぐまれない悩みなどと彼が無縁だったことは、その適度にくだけてつかいなれた日本語を聞くだけで、容易に想像がつく。しかし、ついに日本人を好きになれなかったのはどうしてなのか。

「ええ。でも……怒っちゃだめですよ。あなたはちがうんですから」

ちがうといわれて喜ぶほどこちらも単純ではないが、こういうところが彼は心やさしい。いいから、なぜ日本人が好きになれなかったのかいってくれたまえ、気にしないから、と私は少々わざとらしい口調で水を向ける。

ドミニクは日本語を整理するあいだすこし黙っていて、やがて口をひらいた。

「そうですね。たとえば、日本人はみんな約束を守れないでしょう。こんど遊びにおいでと電話番号なんかくれることがあるけど、ほんとに電話すると、たいていわたしのこと忘れてますね。そういうこと、よくありました。友だちになることむつかしい」

なんだ、そんなことか。私は、なにかこう、もっと鋭い、ひとことで本質をえぐるような批判を期待していたので、いささか拍子抜けの感じをもった。たしかに日本人には、そのうちぜひ一度お遊びに、などという軽いあいさつがあって、それをことば通りに受けとらない方が無難だということはある。彼がそういう日本の「文化」を知らないわけではないだろうが、ここは少し解説しておいた方がいいかな、とも考えた。だが、やめておいた。

私にいわせれば、彼が指摘する日本人の安請けあい癖は、じつはどっちでもいいことで、問題とするに足らない。むしろこの際、彼から聞いておいたほうがいいのは、どうしてそういう「つまらない事実」が、彼に日本人は好きでないと決めさせる動機になるのか、ということである。日本人を嫌いになるのはいっこうにかまわないが、なるならもっと大上段から嫌いになってくれ。私が日本人として彼に不満をもつのはその点なのである。

ドミニクは、私が突然まじめな顔をしたのにつられて、粥をするのをやめ、いずまいを正している。私は、それではあなたが東京でひとりだけ好きだったという日本人についてはなしてほしい、と彼をうながした。

それから、彼がはじめたその「良き日本人」の回想によれば、最初ふたりが出会ったのは、当時彼が下宿していた大田区のとある食堂だったという。男は三十代半ば、鈴木さんといい、近くにやはり独り暮しをしていた。

「そのひとは、ビルの工事なんかで働いているひとで、あまり学校なんかいかなかったから教育はありません。でもね、いいひとでした。お酒飲んでよくうちへ夜中にきた。だから困ったけど、あんな親切なひとはいなかったですね」

日本へ渡った最初の年のことである。東京の冬は香港とずいぶん気温がちがうので、充分なふとんのもちあわせがない彼は、たちまちふるえあがってしまった。そのとき、頼んだわけでもないのにすぐふとんをかついできてくれたのが、この鈴木さんだったという。

その好意にドミニクがいたく感動したのはほんとうだとしても、聞いていてなんとなく面映ゆい。まあ、よくある「美談」だなという感じを、私はぬぐいさることができなかった。

そこで私が思いだしたのは、魯迅の『藤野先生』である。ドミニクはこの話を知らないというが、いまから二十年も前に私が中学校（いや高校？）であてがわれた国語の教科書にも、この魯迅の作品はのっていた。

内容はよく知られているからなぞるまでもないが、日露戦争をはさんで前後八年のあいだ日本に留学していた青年魯迅は、ある時期仙台の医専に籍を置く。そこで感銘を受けた日本人教官藤野先生のことを、のちに回想した小品である。

日露戦争後いっきに高まった排外主義に熱狂する日本人学生をみて、このとき魯迅は強く文学と民族主義にめざめ、帰国を決意するのだが、藤野先生というのは、たしか解剖学かなにかの教官で、この藤野先生だけが、排外主義にこりかたまってゆくダメな日本人のなかで、ただひとり信念をもって静かに魯迅と接したのだった。そのことによって藤野先生は、「良き日本人」として魯迅に終生強い印象を残した。

この「藤野先生」が、わが現代の中国人留学生ドミニク・陳にとっては、「大田区の鈴木さん」だったわけである。ふたりの中国人による、ふたりの日本人の回想は、あるところで、よく似かよっている。魯迅が感銘を受けた藤野先生は、おそらく当時の日本のインテリではあっても、とくに進んだ思想を身につけた人物ではなかったろうし、ましてこの藤野先生が、魯迅の民族主義と革命思想を直接に支援していたわけではない。

そして大田区の鈴木さんは、ドミニクにとってはたんに外国人であるばかりでなく、世代も文化もちがう、あまり共通点のない人間だった。それどころか、「わたしはじめは日本語ぜんぜんできなかったから困りましたよ。そのひと英語ほとんどわからなかったからね」

そういうぐらいで、満足なコミュニケーションすらおぼつかなかったのだ。しかし彼は、いっしょにスキーにいったりディスコにいったりした、よりフィーリングの近しい日本人の仲間ではなく、あえてこの鈴木さんを「好きな日本人」に数えた。

おおげさにいえば、ここに日中関係百年の不幸がある。実直にして誠実な地方の医学校の一教官や、「教育のない」大田区の鈴木さんが、いつまでも特別な日本人であっていいものか。そういういわば市井の生活者にかえって心の広いいいひとがいるというのは、おしなべてこの世の真実だとしても、やはりそれはわれわれ日本人のこうむっている不幸でなければならない。

同様に善意の中国人の側には、小さな個別的関係のなかに、かろうじて「良き日本人」を発見しなければならないという不幸がある。そして彼らはまた、相手の「ささいな不誠実」にも深く傷つく柔かい心で日本人と接しなければならない、不幸な中国人でもあるのだ。「死んだ日本人だけが良い日本人だ」といい切れる中国人は、少なくともドミニクのアンビヴァレントな心情とは、無縁でいられることだろう。

こういう事態は誰のせいかといえば、公平にみて日本人のせいなのだが、これにすぐ効く処方箋はない。ある別の機会に、私はレジーナから好奇にみちた気味のわるい質問を受けて、そのことを思い知った。彼女は、これはみんながみんな信じているわけではないけれど、中国人なら誰でも知っているはなしだ、と前おきして、

「日本の女の人が着ているキモノの帯、あれは背中のところがふくらんでいるでしょう。あのなかには、死んだ両親の骨がはいっているというのだけれど、ほんとうはどうなの？」

私は一瞬ことばを失って、かたわらのドミニクを見た。わが親日家は、この愚かしくもバカげた彼の妻の質問を、当然笑いとばしてくれるものと思ったからだ。ところがあろうことか、彼もまた興味しんしんとした口つきで、私の返答をまちかまえている。

私はもちろん断固としてこの気味のわるいはなしを打消し、さらに私の推理だがと断わって、おそらくそれは、戦友の遺骨を白布に包み胸の前にぶらさげて行進するという日本軍の奇習が、目撃者から誤って伝わったものではないかと親切なコメントをつけた。この返答にレジーナは満足した。

だが、そこで私をショックに突きおとしたのは、東京留学二年、わが知日派ともた

のむドミニクの方の反応だった。彼はレジーナの頭をこづきながら、無邪気にこういうのだった。

「それみろ、やっぱりあの話はウソだったんだ。前にオレがいった通りじゃないか」

それぞれに違う文化を背負い、ややゆがんだ歴史的関係のなかで向き合う「彼ら」と「私たち」が、一度に理解にたどり着く特効薬はない。要は、ひとつひとつの誤解とズレを、ひとつひとつ訂正してゆく手間ヒマに耐えられるかどうか、なのである。

花嫁の家

古いエレベーターを六階か七階でおりて、左右を見まわすと花嫁の家はすぐにわかった。

ドアの左右に〈対聯《といれん》〉と呼ばれる長さ一メートル余りの細長い赤い紙が張りだしてある家、これが香港では「当家で婚礼あり」の目じるしだ。〈対聯〉にしるされた金文字は、左右でひとそろいのおめでたい対句になっていて、その内容により、娘を嫁にやる家なのか、それとも息子に嫁をとる家なのかということも、おのずとわかるようになっている。

本来なら往来に面した門口にかかげるものなのだろうが、この住宅事情ではアパートのドアでもやむをえないだろう。強盗よけの鉄格子のゲートを取りつけたドアがならぶさむざむとした廊下に、〈対聯〉のある家の入口は、そこだけ花が咲いたように明るい。

私を連れていったポーリンがベルを押すと、鉄格子のむこうにふだん着の花嫁が顔を出した。十五畳ばかりもありそうな居間にはすでに一族郎党親戚一同が集まっているようすで、無表情な老婆がふたり、いすに座ったままこちらを見ていた。ポーリンの親しい友人で私とは初対面のこの花嫁は、想像していたよりはるかに美しい娘だった。ことし二十四歳になる、貿易会社のセクレタリーである。

おいおいはなしがちがうぞ。ずいぶんと可愛い子ではないか——。

花嫁について居間に入りながら、私はすばやくポーリンをひじでこづいて、耳もとで抗議した。小柄で均整のとれた体つき。大きな瞳ときれいな歯並び。これほどまでに美人だとは、まったく聞かされていなかったのだ。

「へえ、そう思う?」

うむ。疑いもなく香港で会った娘のうちの五指に入る——。

感にたえないという調子でそういうと、ポーリン・謝はいじわるく私にささやきかえした。

「きっとニッポン人の趣味に合うんでしょうよ」

私がのこのこと見も知らぬ花嫁の家をたずねていったのは、その夜そこで〈上頭《しょんとう》〉という儀式がとりおこなわれるからである。婚礼を明日にひかえた花嫁が内輪でおこなうその儀式は、約束ごとの多い香港の婚礼習俗のなかでも、ゆるがせにできないもののひとつだと聞いていた。

古いしきたりと作法をすべてふまえた伝統的な婚礼をぜひ見たいという私の希望は、それまでながいことかなえられずにいた。どういうわけか私の周辺にいる若い香港の友人たちは「すすみ」すぎていて、あまり形式を重んじない。たとえばある日ジーパンで「婚姻註冊署」（結婚登記所）にでかけてゆき、ふたりでパッパッとサインをしてハイおしまい、という風に味もそっけもなかった。また婚約披露パーティーなるものに呼ばれていってみると、なんのことはないゴーゴーパーティーで、恋人たちは悪びれもせず抱きあって音のするほどすごい接吻を何度もしてみせる。

そういうのも、それはそれで香港の植民地文化を表現していておもしろいのだが、どうか私のために伝統的な婚礼を見物するチャンスをみつけてくれないか――。そう友人たちにたのんでみようと考えていた矢先、それなら近々こういう「まとも」なのがあるけど、とポーリンがとりはからってくれたのがこの花嫁の一件だったのである。

先方の条件は、婚礼の宴席のカメラマンをつとめてもらいたいということで、むろんお安い御用とこちらはひきうけた。やがて私に花嫁エミリーこと陳美玉（の両親）から、赤いカードに中英両文が金文字で印刷された招待状が、まっかな封筒で送られてきたのだった。

花嫁のエミリーに通された居間では、ふたつみっつの子供から老人まで、血縁らしい雑多な年齢の一団が十四、五人も、例の香港流でそれぞれ勝手にやっていた。部屋の隅の大型の白黒テレビの前に子供たちが陣どっているかと思えば、中央に麻雀卓がふたつばかりでていて、一方では老婆たちが、そしてもう片方では娘たちが〈竹戦〉の最中である。

テレビの日本製アニメーションの主人公が広東語で絶叫しているこちら側では、高い手を振りこんでしまった娘が、アイヤーッと無念の大声をあげる。誰も私の入来など気にとめないのはいいのだが、とてもこれからおごそかに儀式がおこなわれるという風ではない。しかし香港の会合や宴会は必ず、こうしたおそろしく長いウォーミングアップ、あるいは充分な前戯を必要とするものなのだ。

私は遠来の客ということで、花嫁の父にひきあわされた。このでっぷりと肥えたひとのよさそうな父親が、婚礼の縁起物を私に見せながら説明してくれたところによると、〈上頭〉の儀式はふたつのことがらからなりたっているようだった。

まずひとつは、私が大まかに聞いていた通り、〈上頭〉だからアタマに関係があって、娘が嫁ぐ前の晩に縁起物の櫛で髪をとかす儀式だという。なぜそういう儀式をするのかという意義についてはさっぱり要領を得なかったが、ともかくこれは花嫁の女のきょうだいや従姉妹、それに女の友人などが介添えをつとめるしきたりらしい。それでこの家には、ポーリンをはじめ小娘やら大娘やら、若い女が集まってきているわけなのだった。

父親は〈上頭〉に使う縁起物の櫛というのを見せてくれた。べつにどうという変ったところのない、茶色をしたプラスチック製の櫛だった。櫛といっしょにこれも縁起物だという短いモノサシがあり、それには目盛りにそって「百子千孫」という字がふってあった。たくさん子供が生まれて子孫が繁栄しますように、ということだろう。

さて、メインイベントの〈上頭〉に先立って、もうひとつの儀式があるのだが、これが私には問題だった。柚の葉っぱを浮かべたお湯で、花嫁が婚礼まえの入浴をするという。そんなこととはつゆ知らずやってきたので、私は驚いて思わずききかえした。

入浴ですか?――

かたわらの花嫁を見ると、彼女は困ったような笑顔をつくって、こっくりとうなずいている。なるほどそういうことでは、一部始終を私が見物するというわけにもゆくまい。

しかも念のために儀式の開始時刻をたずねると、なんとこれが午前一時きっかりだという。べつにそれは麻雀の時間をたっぷりとるためではなくて、占い師にみてもらったところこの時間が最適だというご託宣があったからなのである。いずれにせよ私にはつきあいきれないことがわかった。

「きっと、あしたの朝くればおもしろいことが見られると思うけどな」

ポーリンは私を連れてきたくせに、無責任なことをいう。

「だって、おフロに入るなんて……」

アメリカ生れの両親を持つ彼女は、家でも英語を話す。だからこういうしきたりには詳しくないのだ、と私に抗弁した。

つぎの日の午前、ふたたび花嫁の家へこんどはひとりでいってみると、昨夜とちがって婚礼の当日のきょうは、家のなかにパッと華やいだ空気があった。居間には昨夜の面々に加えて花嫁の友だちや血縁とおぼしき娘たちが、がやがやと興奮気味に時のくるのを待っていた。昨夜はふだん着できていた娘も、きょうはいくぶんめかしこんでいる。

花婿側の「嫁とり」の一隊は、午前十一時に来る予定だという。その「若衆組」をむかえうつために「娘組」のほうは朝から動員をかけ、あたま数をそろえて、いまやおそしと手ぐすねひいていた。

こういう婚礼の手続きはおそらくこの香港だけのものではなく、世界中の民族にひろくみられる習俗だが、花嫁のやりとりの前面に出てくるのは家同士ではない。シスターシップとブラザーシップに結ばれた、それぞれの側の若者グループなのである。

この「嫁とり」では、花嫁・花婿に当事者能力というものがまったくなく、花嫁は娘組に守られて家のなかにかくれているだけだし、花婿の方も若衆組のいいなりに花嫁の家へひっぱってゆかれるだけだ。

双方の衝突は花嫁の家の玄関口で起こる。だが、うまいぐあいに香港の住宅の入口には鉄格子がはまっているから、花嫁側はがっちりと錠をおろして容易に門を開かない。そこで若衆組と娘組による鉄格子ごしの交渉とかけひきが、景気よくはじまることになる。どういう交渉をするのかというとこれがいかにも香港らしくて、花嫁の身代金について娘組がテキと団交をするのである。

身代金は高ければ高いほどいいというわけで、しばしば景気づけに途方もない要求がでることがある。

いくら欲しい？——

「九千九百九十九億九千九百九十九万九千九百九十九元《ドル》！」

金額はかならず「九」のならびときまっている。九は「久」と同音で、「幾久しく」でおめでたいというわけだ。

高いよ、そりゃ——。花婿側も一発回答はださない。

「じゃ、九千九百九十九元！」

まだ高い！——

「いやなら手ぶらで帰れ！」

　こういうにぎやかなひと騒ぎがあって、いいところで妥結にもちこまれるのだが、妥結額はたいてい九十九元《ドル》。赤くて縁起がいい百ドル札をだして、一ドルのおつりというかたちにするものらしい。そして身代金は、御祝儀としてもちろん娘組のふところに入る。

　いよいよ敵来襲の十一時が近くなると、花嫁の家はがぜんあわただしくなった。別室で入念なお化粧をしていた花嫁が、中国式のまっかな花嫁衣装に身をつつんで居間へでてくる。「褂《くわ》」と呼ばれる、一面にビーズでししゅうをほどこした豪華な伝統的コスチュームが、またこの美しい花嫁にはよく似あった。花嫁以外の家族は、盛装をしていない。夜の宴席まではふだん着のままである。花嫁が登場すると、こんどはついぞこの家では見たことのない寝たきりの老人が、どこからかパジャマのままかつぎだされてきて、居間のまんなかのひじかけいすと痰つぼをあたえられた。

「あっ、きたきた！」

　娘組のいちばんちいさい小学生の斥候が廊下からとびこんできたので、わっと娘たちは立ちあがってドアへ殺到したが、これは早トチリ。かんちがいの誤報だった。花嫁の父はもういても立ってもいられず、窓から身をのりだして下の通りを見張っている。車体に造花のデコレーションをほどこした白いベンツかなにかが、クラクションを鳴らしながらやってくれば、それが香港では花婿が花嫁をむかえにゆくクルマだ。

そうするうちに刻限がきて、黒タキシードに蝶ネクタイの花婿が、三つぞろいに身をかためた青年たちを露払いにして、ついにドアのまえに立った。キャーッと黄色い歓声があがって鉄格子の内側はしばらく娘たちの興奮にわき、それから五分後、背の高い花婿はさっそうとバラの花束をつかんで居間に入ってきたのだった。

しかし、これで花嫁を強奪してすぐおさらばというわけにはゆかない。古いしきたりにのっとった花嫁・花婿の儀式を、一応型通りに踏んでからでなければならないのである。

まずは日本の神だなにあたる、まっかに塗った〈神台〉。この前にふたりでひざまずいて文字通りの三拝九拝をし、〈神台〉に雑居している中国の諸聖諸神と一家のご先祖サマに結婚を報告する。これが第一番目のセレモニー。

それがすんだら、こんどは花嫁の両親と祖父母にそれぞれお茶を献じて、新夫婦が孝を誓う番である。寝たきりの老人が、なにやら事情がのみこめないようすで居間にひっぱりだされてきたのは、このためだったのだ。お茶を献じるということは、中国の儀礼では相当に重要な意味をもっていて、ほとんど日本の御神酒《おみき》をいただくことにひとしい。〈神台〉を背にして両親は姿勢を正していすにかけ、花嫁・花婿がその前にひざまずいた。作法にくわしいモノ知りのばあさんがわきについていて、いちいち世話をやくのだが、茶卓にのせた茶器をささげもつとき、大時代なしぐさに照れて花嫁は笑いだした。両親もつられて笑った。

どうやらこのあたりが、深く伝統的中国文化に根をおろしながら一方で近代的な社会生活に身をおく香港人の、感覚と精神の分水嶺のように私には思われた。なにしろいつもの日ならこの時間、この花嫁は英国系の貿易会社の秘書として、イギリス人のボスといっしょに英語で仕事をしているはずなのである。

その夜九龍の大酒楼でひらかれた婚礼の宴席で、私はまたポーリンと会った。宴席は十二人用の円卓が数十もならぶほど豪華なもので、花嫁は親類縁者から贈られた金の腕輪を両手に三つ四つもして、いわゆるチャイナドレスからイブニングまで何度もお色直しをしてみせた。少なくとも花嫁の美しさに関するかぎり、バカバカしいこの浪費は、それにみあうだけの効果をあげているように思われた。

となりの席についたポーリンがいった。

「こうしてみると、彼女もなかなかいいね」

うむ。ニッポン人でなくてもやっぱりそう思うか？――

この夜の宴席で私は、香港にいながらとんとお目にかかったことのない「ツバメの巣のスープ」と、ほとんど半年ぶりで感激の対面をした。これで前の晩〈上頭〉と入浴の儀を見そこなった無念は、十二分にはらされたのである。

新聞少年

香港に暮しはじめて何か月かがたったある朝、いつものようにベッドからおりてドアの下からさしこまれた新聞をとりにゆくとき、私はひとつ重大なことに気がついた。そういえば新聞を配達している人間というものを、この香港ではまだいちども見たことがないのだ。

角の〈士多《ストアー》〉までたばこを買いにゆくときにもかならずカメラをぶらさげてゆくトンマな日本仔《やっぷんちゃい》、あるいは恐怖のなんでも観察人間としてこのあたりでは有名な私としたことが、とんだ灯台もと暗し。げんに毎日三紙も新聞をとっていながら、いままで新聞配達の顔を見たこともなければ、街でそれらしい姿を目撃した記憶もないことに気がついたのである。これはしたり。さっそく私はメモ用紙をとりだし、

「香港的新聞配達人ノ風体コレ如何？」

とフェルトペンで大きく書いて、仕事机の前の壁にはりつけておくことにした。ま

さか新聞を山盛りにした竹かごをてんびん棒でかついだ男がいて、毎朝ホイサホイサと私のドアの前までやってくるなんてことはないだろうとしても、それがいったい男なのか女なのか老人なのか子供なのか、皆目見当がつかない。

それまで気にもとめなかった新聞配達の存在が、その朝に限って突然私の意識にのぼったのは、ドアの下からさしこまれた新聞が、その日はまたとりわけひどい状態で折れまがったり破れたりして床に散乱しているのを目にしたからだった。といっても、そのことに腹を立てたわけではない。

私の部屋のドアの下のすきまは、新聞をそのままふたつ折りにしてさしこむにはせますぎたので、ナゾの配達人は新聞一部をいったんふたつか三つにバラして、それを順次さしこんでゆくという手間のかかることをしてくれていた。だから多少折れまがったり散乱したりするのは、大目に見てやらなくてはならなかったのである。

それに香港の新聞というものは、バラされてもさほどあとから困るということがないようにできている。これは輪転機の能力のせいなのかそれとも編集上のつごうからなのか、日本とちがって少しページの多い新聞は、はじめからいくつかのパートに分けて折ってあった。たとえば一ページから八ページまでがひと折り、九ページから十六ページまでがまたひと折りというぐあいで、これをぜんぶ重ねてふたつ折りにするとようやくまとまった一部になる。

だからバラされても復元は簡単なのだが、なにしろ私は三紙もとっているうえに、日曜日や祝日にはそれぞれに特集版がつく。それ以外にも定期的に別刷りの広告版やスポーツ版がつくし、週に一度は付録のテレビ週刊誌がついてくる。ということは、つごう十いくつもにバラされた新聞がいちどにドアの下から突っこまれることになるのだからたまらない。そういう日は、大げさでなくドアから手前一メートル半ぐらいのところまで、床一面に散乱した新聞紙の洪水である。それを発見するたびに私は、またかと途方にくれなければならなかった。

こちらとしては、いっそドアの外の廊下にひとまとめに積んでおいてもらった方が手がかからないのだが、もしほんのちょっと新聞がドアの外にはみだしていたために盗まれでもしたら、香港の購読者はきっとそれを新聞配達の責任にするだろう。だからわがかわいそうな新聞配達が、苦心してひと折りずつ律儀にさしこんでゆく気持はわかる。いったいどういう人間が、このドアの外に腰をかがめて、毎朝、新聞をひと折りひと折りさしこんでゆくのだろうか。それは老若男女いずれか。ドアの内側にしゃがみこんでのろのろと新聞を復元しながら、その朝私はしばしモノ想いにふけっていた。

仕事机の前の壁にメモをはりつけてから何週間かが過ぎた。ひどく夜ふかしをしたその明け方だったか、それともなにかのまちがいで早く目をさましてしまった日だったか、ともかくある朝まだき、私ははじめて、新聞配達を見た。午前五時。五階にある私の部屋のカーテンをあけ、ガラス窓を外側に押し開くと、ビルとビルのあいだにわずかにみえるヴィクトリア港と香港島は、両方ともまだくすんだ青灰色のうす闇のなかに沈んでいた。

あと三十分もすれば空はばら色に明るむ。じきに香港島の稜線が黒くうかびあがり、水面が強く輝きはじめるそのすこし前の、ぼんやりとした夜明けのはじまりの時刻だった。作業着を着た労働者がひとりふたり、下の通りを足ばやに紅磡《ほんはむ》のフェリー桟橋の方へ向ってゆくのが窓から見おろせた。まだ通りに動いているくるまは一台もない。

そのとき、遠くからヒタヒタとゴムぞうりの走る足音がした。窓から身をのりだして下の通りを見まわすと、左手にあたる大還山《たいわんさん》の低所得者アパート群の方角から、下り坂になったアスファルトの車道のまんなかを十歳ぐらいの少年がこちらへ走ってくる。香港の子供がよくはいている足球《サッカー》選手のトランクスとも、ただのパンツともつかないショートパンツに、くたびれたTシャツのやせた少年である。彼は、なんの新聞かは遠くてわからないが、ふたつ折りにしたむきだしの新聞を小わきにかかえていた。
そうだ、この子にちがいない——。

少年はみるまに私の窓の真下まできて、思った通りそのまま一階の玄関にかけこんだ。窓からはなれてじっと耳をすましていると、やがて五階の廊下にゴムぞうりの音

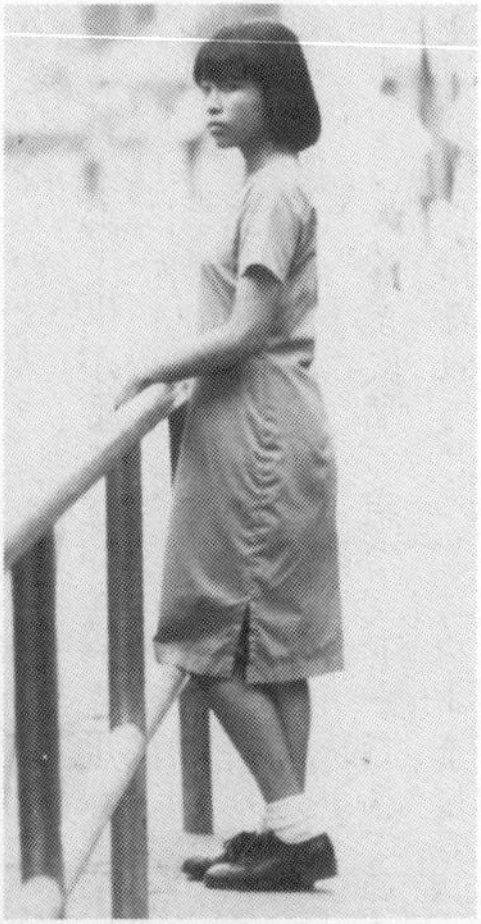

女の子たち　おんぶひもには「兒童幸福」（左上）。高級住宅地・九龍塘の私立小学校（下）。長衫（チャイナドレス）の制服を着た女子中学生（右上）。

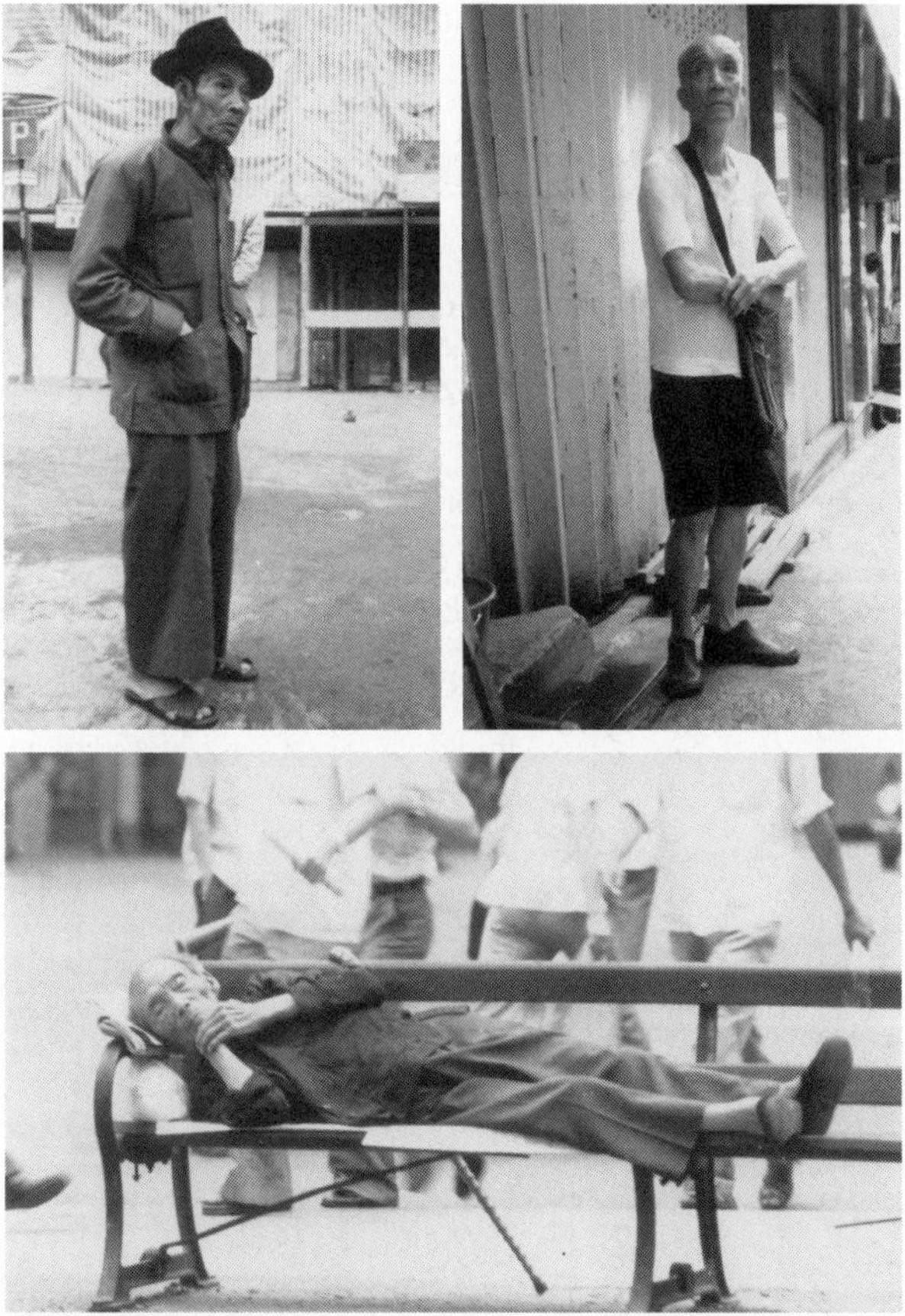

老人たち　路地裏で粥を売る小販（右上）。H・ボガート？（左上）。路上往生是本望（下）。

が聞こえ、私のドアの外でハタリと止んだ。足音が止むと、かわって少年の荒い息づかいが聞こえてきた。それから新聞の最初のひと折りがドアの下からすべりこんでくるまでに、ずいぶん長い時間があったような気がする。私はノゾキ見をしているようなうしろめたい気持で、息を殺してドアの下のすきまに注目していた。

私がとっているのは、英字紙の『サウスチャイナ・モーニングポスト』と『星島日報』と『大公報』だが、毎朝少年が配達にくるのは、この三紙のうちのどれだろうか。べつに根拠はないのだが、少年が坂道をかけおりてくるのをひと目見たとき、なんとなくこの少年が小わきにかかえている新聞は『星島日報』だろうと思った。『星島日報』は代表的な一般紙のひとつで、姿勢は中立・右派系。一方『大公報』は北京と連動した完全な左派系新聞であり、『サウスチャイナ――』は、もっとも香港政庁・イギリスの立場に近いといわれている。むろんこの三つのうちでは『星島日報』の発行部数がいちばん多い。もしこの少年が配って歩くとしたら、『大公報』ではなんだかしかつめらしいし、英字紙というのもピンとこないように思われた。

やがてガサゴソと新聞のこすれる音がしてドアの下から入ってきたのはやはり『星島日報』で、これは私が思った通りだが、その最後のひと折りがさしこまれたあと、思いがけないことが起った。ドアの向う側の少年は、『星島日報』がすむとつづけて『大公報』を、それがすむとこんどは『サウスチャイナ――』をつぎつぎにさしこんでよこしたのである。いままで毎朝三つの新聞を私の部屋に配達しにきていたのは、じつはこの少年ひとりだったのだ。購読申しこみも料金の支払いも部屋の管理人まかせにしていたために、香港の新聞宅配のシステムが日本のように一紙一専売店制になっていないということを、私はこのときまで知らなかった。

かわいそうに、彼はまだ悪戦苦闘している。それなら、いっそこちらからドアをあけて、まだ少年の手元に残っている分を直接受けとってやり、ついでに「早晨《オハヨウ》！」と声でもかけてやろうかという「善意」が、私のなかでちょっと頭をもたげた。しかし私がためらっているうちに、少年は仕事をすませて、ゴムぞうりの足音を残してさっさといってしまい、もういちど窓から顔をだすと、玄関をかけだした少年が、ちょうどもときた坂道をパタパタとのぼってゆくところだった。

そのとき私は、うしろ姿の少年がもう新聞をかかえていないことに気がついた。彼は、手ぶらで長い坂道を帰ってゆく。ということは、この少年は、毎朝私にとどける新聞三紙だけをもって、坂の向こうから息をきらせてかけてくるのか――。少年がこの早朝の仕事をするといくらもらえるのかはわからない。あるいは家の手伝いかなにかで、まったくのただ働きかもしれない。しかしともあれ、私がドアをあけて「早晨《ちょうさん》！」などといわなかったのはよかった。えたいの知れない男が突然ドアをあけてにこにこしたりしたら、少年はキモをつぶすだけだったろうから。遠ざかるゴムぞうりの音を聞きながら、私はぼんやりとそんなことを考えた。

そのかわりその日の晩、私は思いたって大きなビニールの買物袋をドアの外側にとりつけた。三紙ぶんの新聞の重さに耐えるようにしっかりとガムテープでまわりを押さえ、新聞受けだとわかるように、「報紙《シンブン》」と大きく書いた紙を袋の前にはった。これで少なくとも、わが新聞少年はドアの前にしゃがみこんで悪戦苦闘しなくてもよくなり、こちらの方もはじめからまとまった新聞が手に入るはずだった。となりの部屋の住人で中学校の先生をしている青年が通りかかって、私の工夫をグッド・アイデアだとほめてくれた。

ところが、せっかくのアイデアにもかかわらず、次の朝も新聞は前日と同じように床に散乱していて、カラの新聞受けはドアの外側でむなしくゆれていた。そしてその次の朝もそうだった。まさかこの新発明に気づかないということはあるまい。袋のなかに突っこんでおけばいいと購読者がいっているのに、なぜ少年はそうしようとしないのだろうか。

ナゾは、となりの先生が簡単に解いてくれた。もしかしたら香港には、新聞受けを家の入口に設置しておくという習慣がないのではないかといぶかる私に、先生は微笑しながら首をふった。そして、ビニール袋の「報紙《ぽうちぃ》」という字をゆびさしていうのだった。

「たぶん、この字が読めないからでしょう」

最近の改革で、香港でも初級中学三年までの教育は事実上義務化された。しかし、まだ小学校にもきちんといかされていないという子供も少しはいるから、その少年がこういう基本的な字すら読めないということはありうる。先生はそうもいった。

私が目ざめると「報紙」がちゃんと「報紙受け」に入っているようになったのは、そのつぎの朝からである。どうやら先生のいったことはほんとうだったようで、少年を見かけたら袋に入れるよう伝えてほしいと、朝の早い管理人にたのんでおいたのがよかったのだ。私のアイデアは生かされ、そしてもしかしたら少年は、知らなかった字を新しくふたつおぼえることになったかもしれない。

その後なんどか、朝までベッドのなかで本を読んでいて、少年の足音をドアの外に聞くことがあった。気がむくとベッドからでて、坂道をかけもどってゆくうしろ姿を窓から見送った。少年のTシャツの色はときどき変ったが、ショートパンツとゴムぞうりはいつも同じものだった。細くてよく日焼けしたからだつきもそのうちにおぼえてしまったが、ただ顔だちだけは、いつも遠くからうしろ姿をながめているのではおぼえようがなかった。

りりしい目をした子だろうか。それともオドオドした目をした子だろうか。道ばたに店をひろげて新聞を売っている同じくらいの年かっこうの少年を見かけると、おや、この子がそうかな、と私はときどき考えた。いつも子供がやっている新聞売りの露店というのは少ないが、母親なりじいさんなりが用事のある時間だけ、少年や少女が店番をしているケースはよくある。

彼らはたいていおそろしくぶあいそで、お客が地べたにならべた新聞を勝手に一部とり、さしだされた手のひらに小銭をおいてやっても、こちらをふりむくでもなければありがとうでもない。ひろげた新聞と通行人のあいだに割りこむようにおいた小さな腰かけにちょこんと座って、周囲にはまったく無関心に任務をまっとうしている。子供にしてはまるで可愛げがないのだが、そういうところが私は好きだった。

毎朝配達される三紙だけでは満足できなくて、夕方になると私はもうひとつふたつ新聞を買いにおもてへでる。香港はあのせまいところに日刊紙だけで約十紙もあるくらい新聞の発達したところだから、一日に四紙も五紙も目を通す人間はめずらしくない。またそうでもしないと、香港で正確なニュースをつかむことはできないのだ。

そんなとき、私はおもむろに少年のわきにしゃがんで、まずカタそうな新聞を一、二物色する。少年はうさん臭そうにそれをながめている。それから私は、第一面に色刷りでヌードをのせているオトナ専門の新聞をなにげなくいっしょにとって、「ぜんぶでいくら?」と少年の方を見る。と、店番の少年は目ざとく大人の不行跡を見とがめ、まじまじと私を見あげて、突然ニタッと笑ったりするのだった。

出口なし

「さいしょのショックはたいへんだった。それから大きな混乱があって、『人民日報』を囲んだ長い議論が何週間もつづいたわ。ほとんどのメンバーはその後自己批判して、新しい方針に従ったけれど、ある人びとはグループから離れていった。[*1] でも、あたしにはどちらもできなかった。〝出口なし《ノー・アウトレット》〟だったんだわ」

黄維英は、「出口なし」ということばを口にしたあと、歩きながらちょっと私の方を見て、それからまただまってしまった。

一九七九年の旧正月の前の肌寒い夜だった。彼女はセーターの上に詰めえりになった中国式の短い綿入れのうわ着をはおって、細い首をすくめていた。私たちは二メートルほど離れて、九龍火車總站《レールウエイ・ターミナル》につづく水銀灯に照らされた長い陸橋のスロープを、ゆっくりと登っていく。

対岸の香港島の上空には低く雲がたれこめ、星はでていなかった。そして、港の暗い水面。こういう種類の身の上話を聞くには、気恥ずかしくなるほどできすぎた道具だてである。二十六歳になる元政治少女の大告白は、ほぼ私が想像していた通りの内容であり、なるほどとうなずかせるてんまつでもあって、ヤレヤレどこかで聞いたような話だな、という感想に私をみちびいた。

五〇年代このかた、世界中の都市のかたすみで、こういう夜に、いったいなん人の挫折した若者が同じような「自分史」を歩きながら語ったことだろうか。

私は、会話にすこし軽みを与えるつもりで口を開いた。

すると、香港で「四人幇《せいやんぼん》」（四人組）の流れをひく分子というものは、もうあなたしか残っていないというわけだ？――

「あたし？　あたしはもうなんでもないわ。そういうところから手を引いて、もう何年もたつんだし……。もし、毛沢東主義者かときかれたら、いまでもイエスと答えるつもりはあるけれど」

うーむ、毛沢東主義ねえ。あれは、普遍性をもちうるだろうか。中国という背景とその時々の情勢を離れたところでも、なりたつものだろうか？――

なりたつはずだ、と彼女はゆっくりと歩きながら前を見つめたままいった。

「あなた、あたしがいまの仕事をするようになったのは、なぜだかわかる？」

彼女は病院の看護婦である。ほかに私が知っていることといえば、家がたいそう金持ちだということぐらい。それに、さきほどの大告白で、十代の頃は絵の勉強をしようと思っていたこと、印象派が好きだったこと、外国の大学へ留学するはずだったが、自分の意志で断念したこと、などが新しい知識としてつけ加えられていた。しかし、なんで看護婦になろうと思ったのかは、知るよしもない。

「ベチューンよ。ノーマン・ベチューン」

彼女は私をふりかえって、私の「教養」を試すかのような表情で、この中国の土となってしまったカナダ人の医者の名を口にした。

私は、こういう場合、いつも運がいい。ニッポン人の程度を試そうとかかってくるここのインテリたちは、いつもたまたま私が読んだ本、偶然に覚えている人の名ばかりをもちだす傾向がある。

『ベチューンを記念する』[*2]でしょう。毛沢東選集の、あれは何巻だったか——。

「読んだこと、あるの?」

ええ、たしかずっと以前に、一度。私はさりげなく、おもむろに返事をした。

「あのベチューンのようなやり方で人民に奉仕するのなら、四人組も反四人組も関係ないでしょう。だから看護婦になろうと思ったの。医者の勉強を始めるには、もう年をとりすぎていたし」

そういえば彼女は、新米の看護婦だというにしては、すでにいい年である。看護婦学校に入学したのは四人組以降、「挫折」のあとの転進だったらしい。

「いまでも、その気持は変っていないと思う。ベチューンの人生は偉大だと思うし、それを評価した毛沢東もまた……。だから、あたしは依然として毛沢東主義者だと思うわ」

なるほど、そうですか。よくわかりました。水銀灯の下に立ちどまって、ゆっくりことばを選びながら述懐する維英の横顔になにやら気高いものを感じて、私は知らずに居ずまいを正していた。

香港の中国人の人民中国に対する態度は、複雑で、両面的で、確固としていながら同時にあやうい。中国から落ちこぼれた中国人の吹きだまりみたいなこの香港で、共産党はこりごりだとボヤいている人びとでさえ、関心はいつも自分が去ってきた方向を向く。まるで別れた女のその後が気になってしかたがない男のように、ものかげから中国の後ろ姿をうかがわずにはいられないのである。

そして、もう一方には、片想いに身をこがす女のようにして「祖国」を見つめつづけている維英のような人びとがいる。これら香港の中国派は、植民地をめぐる中国のたてまえとホンネのあいだでひきさかれる、いけにえの毛沢東主義者だともいえるだろう。

同じ中国派でも、中国と政治的経済的に結びついて、植民地社会に隠然たるちからをふるう「毛沢東主義資本家」たちはまだいい。彼らは、どんな風がどちらから吹こうと、いつも現実に忠実で挫折を知らない。

あの一九六七年の香港反英暴動の中心となったのは、維英たちのもうひとつ上の世代である。おりからの文革のさなか、香港で火の手の上った暴動に呼応して、上海では紅衛兵が英国領事館を焼きうちした。「植民地解放」の先頭に立った若き香港の毛沢東主義者たちは、新界の緑の山を紅い旗の波で埋めつくして人民解放軍が到着する日を、いまかいまかと信じて待った。一週間、十日——。しかし、人民解放軍はついに来なかった。中国は解放の大義を忘れ、「祖国」は彼らを体よく黙殺した。そして、最後のバリケードが、襲いかかる英植民地軍のグルカ兵に蹴ちらされたあと、裏切られた彼らに深刻な挫折がやってきた。

しかしこの世代は、深い挫折にもかかわらず、文革の勝利的発展という依るべきものを持ちつづけることができただけ、しあわせであったかもしれない。それが「七三で悪かった」から、ついに全部ダメだったというふうに評価がひっくりかえる不幸な時代に、維英の世代は居あわせなければならなかったのだ。

私と彼女が立っている陸橋の下をくぐって、火車總站からのびた九広鉄道の線路がゆるいカーブを描いて北へ向っていた。暗い引込線には、緑色をしたディーゼル機関車と客車が、シルエットになって眠っている。

私は列車をあごで示して、あの列車に乗って本土へ行ったことがあるかとかたわらの維英にたずねた。彼女は香港生まれのはずである。

「一度だけ。おととし桂林まで行ったわ。『観光旅行』でね……」

ここから出発する九広鉄道は、三十キロ北で境界を越え、数時間で省都の広州へ着く。そこから漢口をへて北京、昔はさらにシベリア鉄道をへてヨーロッパを横切り、ロンドンのヴィクトリア駅まで二本の線路はつながっていた。

いつの日かこの鉄道で、ベチューンのように中国の奥地へ向かうというわけだな——。

「できたら、よ。たぶんね」

彼女は、たぶんねといってから、アハハハと笑った。維英はべつにまなじりを決して「為人民服務」の人生を論じているわけではない。だが、笑ってもらうと、私は少しほっとした。その時だけ、彼女は背すじを伸した毛沢東の娘であることをやめ、驕慢な「香港娘」にもどるからだ。

彼女は、この九龍火車總站の西側のバスターミナルでバスを待ち、その先から港の下をくぐって香港島へぬける海底トンネルを通って家へ帰るといった。彼女の家は北角《ノースポイント》にある。

界限街　英名Boundary Street　中央線から南（写真左側）が九龍，北が新界の租借地。

「あそこらへんが、私の家だわ」

陸橋の手すりにつかまりながら、維英は対岸にきらめく光のつぶのなかから、いちばん東側の高いところにあるひとかたまりをゆびさした。布廉馬山《ブレーマー・ヒル》の中腹である。一度たずねたことがある彼女の家は、高層アパートのひとフロアをぜんぶ占めるほど広くりっぱだったことを、私は思いだした。初対面のときから私は臆面もなく、家を見せてほしいと彼女に申しこんだ。すると彼女は、「私の家ではなくて、父の家だけれど」と念をおしたうえで、

「香港の典型的小ブルジョワの家を見物しておくのもいいかもしれない」

と、こころよく私を香港島の家へ案内してくれたのだった。

行ってみると、黄家は「小ブルジョワ」どころではなかった。そこで私はカナダの大学から休暇で帰省中だという彼女の妹が弾くピアノの音を、通された居間から壁ごしに聞いた。香港でどこからかピアノの音が聞こえてくるという体験をしたのは、あとにも先にもこれきりである。

しかし、週末に帰宅するだけで、いつもは病院の寮で寝起きしているという彼女の部屋は、ひどく殺風景で、大判の美術全集がいく冊か本だなにあるばかりだった。私は維英がゆびさす北角のあたりをながめながら、そんなことを思いだしていた。

ああいう家庭からあなたのような娘がでるというのもよくある話だけれど、「資本

家」のお父さんは毛沢東主義をなんていってた？――

「べつに反対はしなかった。香港人というものは、それほど単純じゃないの。毛主席が死んだときは、共産党ぎらいの人だって、たくさん泣いたわ」

彼女も、むろん泣いたという。

しかし、これからの中国に彼女のような「ベチューン」が人民に奉仕するような舞台はあるだろうか。私はかなり悲観的だなと思ったが、それはいわなかった。

それから数か月後に、私は維英がボランティアの看護婦として、中国ではなく中南米へ出発したことを、ひとづてに聞いた。

＊1　大ざっぱにいうと、このとき自己批判をした連中の流れが現在の香港のエスタブリッシュメント（北京派）を形成し、離れていった連中の流れがのちに雨傘運動の若者たちの後押しをすることになるのではないか。

＊2　毛沢東『紀念白求恩』。ノーマン・ベチューン（一八九〇～一九三九）、中国名・白求恩はカナダ人の医者でカナダ共産党員。毛沢東の革命の根拠地・延安におもむいて医療奉仕に身をささげた。

V 香港トワイライト

九龍／九龍城《がうろんせん》　侯王道《はうおんとう》　午後6時30分

夕闇の深い藍色をたたえた空から聞こえる前ぶれの金属音は、三つ数えるまに轟音に変った。滑走路の手前、三百メートル。通りの上の細長い夜空を斜めによぎって、また一機大きな旅客機がすべり降りてくる。

すっぽりと通りをおおうつばさの下で、歩道に風が舞い、ケロシンが臭った。紅いネオンサインがジュラルミンのふくれた腹に照り映え、つま先立つようにのばした車輪が風を切った——。そして、頭上にまた元通りの藍色の空がよみがえると、短い通りのつきあたりには、九龍城砦が黒ぐろとうずくまっていた。香港のカスバ、治外法権の一角として恐れられた、コンクリートのスラムである。

九龍城砦をかかえる九龍城地区は、啓徳《かいた》機場《エアポート》のすぐ北に広がる、九龍でもきわめつけの殺ばつとした場末。機場《エアポート》のフェンスで断ち切られた街並みは、そこから三千メートルの滑走路となって、長くヴィクトリア港の海上へのびていた。九龍半島を横切って山側から舞い降りる飛行機は、最後にこの街をかすめて、それから数秒のあいだに滑走路のコンクリートをつかむ。

その日の夕方、私はあてもなくそこへやってきて、通りの端に立ってずっと降りてくる旅客機をながめていた。巨人機はつぎつぎと空からやってきて、ひっきりなしに街に轟音のローラーをかけた。しかし、路上にテーブルをもちだして夕食をとる一家は、轟音のなかで旺盛に食べつづけたし、邵氏電影《ショウ・ブラザーズ》の直営館のまえで開演を待つ若者たちが、空を見上げることもなかった。街は、平然と空の支配者を無視しつづけていた。

この街が放つ、密度の高いエネルギーとふてぶてしい存在感。それが地上から立ちのぼって、空からの圧力をささえ、はねかえしていた。こういう街のちから、街の腕力をすみずみまで充満させた都市が、あるべき香港だ。私は、その熱い空気を腹に吸いこんで、香港とひとつになる。

「國際戯院《シネマ》」のネオンサインをかすめて、また一機、通りの上空に巨人機がすべり降りてきた。スポットライトにエアラインのマークを浮きあがらせた垂直尾翼が、頭上数十メートルの夜空に、一瞬、巨大な広告塔のように屹立《きつりつ》して、そして消えた。

深圳

香港のすぐ裏手、人民中国の一郭に奇妙な街が出現しつつある。深圳《さむちゃん》――。九龍から九広鉄道に乗って八つめ、香港側最後の駅、羅湖《ろーうー》で降りて、境界の小さな川にかかったかまぼこ型の屋根のある鉄橋を徒歩で渡る。そして、そこから中国側の列車に乗りかえるあの駅のある街だ、といえば、日中復交以前に訪中したことのあるオールド中国派は、ノスタルジックな思いに胸を衝かれるかもしれない。

当時、中国へ招かれた日本人は、ほとんどみなここで、革命の国への感激の第一歩をしるした。駅舎の上に掲げられた、紅い、あくまで紅い「全世界無産者聯合起来！」の文字。そして、初めて見る美しい目をした人びと（これは中国人民の枕詞だった）。

あの駅、あの街が深圳である。

もっとも、その頃の中国人の多くは、誰もこんな南の小さな街のことを知らなかったにちがいない。それが、いまやその名は中国全土に知れわたっている。

それは、ここが厦門《あもい》、汕頭《すわとう》、珠海とならんで、経済特別区、いわゆる特区のひとつに指定され、しかも、その中で最大規模の建設が進んでいるからである。ほかの国では保税加工区とも呼ばれる、この特殊な地区は、様々な免税特典を与えられた企業が、輸出専用商品を生産する一種の工場団地で、韓国の馬山《まさん》、台湾の高雄などが有名だが、企業の大半は外国企業で占められ、その国の国民経済とは、直接の関係がない。

社会主義経済を原則として貫く中華人民共和国にあって、この特区はもちろん例外的な方式であり、「四個現代化」政策のもと中国経済に活力を与えるという大方針の下で容認された、実験的な試みである。

現在、深圳市には、イギリス、デンマーク、スウェーデン、日本など、世界各国の企業がすでに操業中または進出予定で、これら外資に中国が土地を貸し、建物をつくり、中国人労働者がそこで働く。

労働者は、働きに応じて賃金を受けとり（全国平均の二倍といわれている）、ボーナスももらっている。いわゆる企業型雇用であるから、経営者は従業員をクビにすることもできる。いわば箱庭のような資本主義社会だが、しかし深圳の存在意義はそこにとどまるわけではない。一九九七年――「香港収回」へ向けて中国側が用意しているプログラム、それにこの経済特別区政策は深くかかわっている。

深圳経済特別区は、巨大工場団地であると同時に、社会主義中国と資本主義香港の間に挿入された一大緩衝地帯、ないしは政治的中間項なのである。香港をそのままの姿で中国に編入することを合理化するにはどうしたらいいか？　天才・鄧小平が考えついた、中国的三段論法とでもいうべきものがここに登場する。すなわち中国本土と深圳経済特別区とは、経済体制は少し違うが、もちろん同じ中国である。まずこれがひとつ。そして香港と深圳とは、隣りあっていて経済体制もよく似ているから、これもまあ同じ地域と見なして良いだろう。これがふたつめ。故にAはBであり、BはCである。故にAはCに等しい。香港と中国はひとつのものである！　こういう論法である。

三年ぶりにこの町を訪れて、噂には聞いていたものの少々驚いた。駅の前には高層ビルがにょきにょき突っ立ち、アメリカンスタイルの真新しいホテルが出来ていた。香港風のでかい酒楼《レストラン》が通りに並び、駅前に九龍のミラマーホテルの経営するコーヒーショップまである。さらに驚いたことに、香港ドルは人民元や外国人用の兌換券とともに堂々と町中で通用している。

一九七七年に、北へ向う汽車の窓からこの街をながめたときには、線路ぎわの建物の土壁に赤ペンキで書かれた無数のスローガンが、鮮かな印象だった。一九八〇年に来た時には、それがひとつ残らずかき消えていた。一部ですでにビルの建設は始まっていたが、しかし依然として街には背の低い二階建てが並び、泥だらけの道をアヒルが走り回っていた。日本製ＴＶゲームが置いてあったり、ヤミ香港ドルが流通していたり、たしかに新しい風を感じさせるものはいくつかあったが、そこはまだ、どこにでもある中国の田舎町だった。それが、わずかのあいだに一変したのである。

十万人の人口は、いまやその倍の二十万人にふくれあがっている。新設された工場で働く労働者はもちろんだが、その工場建設のために膨大な数の労働者が集められ、竹とアンペラでできた彼らの粗末な飯場小屋が、丘の上に何百棟と並んでいる。街の気分はオリンピック直前の東京、または筑波科学博前年の茨城県に多少似ていなくもない。

一九八三年広州へ二度目の旅をした時、そこがまた一歩香港化しているのに驚いたものだが、ここ深圳は私の予想をはるかに超えて、そっくり香港を模写し始めている。いや、より正確ないい方をすれば、香港そのものが中国の内へ向って拡大を開始したのである。これを中国による大ホンコン主義と呼んでおこう。

街を歩いてみると、ミニスカートの上に皮ジャンをはおったツッパリ娘が、昼間から男とたわむれている。レイバン型サングラス（これは今、全中国的流行である）をかけた若い警察官が、白バイならぬ真赤なロードレーサータイプの新型日本製バイクに乗ってけたたましく走り回っている。バイクはおよそ警察官には不向きな、派手な代物で、しかも前かがみのライダーは、白い詰めエリの制服制帽にだぶだぶ青ズボンの旧態依然。その疾走するさまは、アンディー・ウォーホールに見せてやりたいほどポップだ。夜、裏通りにテーブルを並べた屋台店でビールを注文すると、出てくるのはアルミカン入りの香港製「サン・ミゲル」。「青島《ちんたお》」(中国製ビール)はないの、と尋ねると、〝あんなのだれも飲まないよ〟とばかりに店の少年は手をふり、「西側先進国」の客人をイモ扱いする始末である。

さて、この深圳に、最近新しい「名所」ができた。「第二線」と呼ばれる、高さ三メートル、長さはえんえん四十キロに及ぶ鉄条網の境界線である。これによって、街はベルリンのようにふたつに分けられ、一九八四年の三月からは通行証がないとチェック・ポイントを通過できなくなった。この鉄条網が、経済特別区と背後の「人民中国」とを厳格にしゃ断する。経済特別区とは、外へ向って開かれ、内へ向って閉じられた奇妙な自主租界である。

鉄条網を支えるコンクリートの柱の上部には白いガイシが並んでいて、張り渡された電線に電流が流れていた。おそらく大工事であったろう。かなたまで続くこの禍々《まがまが》しい築造物の前に立って私が思いうかべたのは、いまでは幾千のスローガンとともにうち捨てられて久しい「新しき長城」ということばである。

　これが、革命中国が夢見た新しき長城だったとは！

「第二線」の意味はもうひとつある。それは先に述べた中国的三段論法とあいまって、彼岸と此岸の区別をますますつけにくくさせる。

　海の方から数えれば、香港島と九龍半島の間にはヴィクトリア港という第一の境界がある。次に九龍と一九九七年までの租借地新界とを分ける真直な界限街。その北には文字どおりの中英境界。そしてさらに「第二線」が中国本土のなかに新たな境界線を引くことになった。境界は多いほどいい。ひとつ増えればそれだけあっちとこっちのちがいは曖昧になり、どこまでが香港で、どこからが中国なのか、わけがわからなくなってしまうのである。

　帰路、さながら水位のちがうふたつの水面を結ぶ閘門式運河のようなグラデーション地帯を通過しながら、私は突然、「胸毛陰毛作戦」というのを思い出した。これは、以前ポルノ弾圧反対運動をしていた私の友人たちが考えついた戦術なのだが、まず胸毛と陰毛がひとつづきになった毛深い男を探してきて、この男の正面写真を数十枚のパネルにする。しかるのち、一番目のパネルは胸だけを見せて、以下の部分は黒ベタにする。同様に、二番目はみぞおちまで、三番目はへそまでという具合にして、一寸きざみに露出させてゆけば、警察はさぞかし取締りに困るだろうというのである。

このアイデアを、北京でしゃべったやつがおそらくいるのではあるまいか。

とまれ、アヘン戦争の砲声と香港島の割譲で始まった中国近代史は、いま、中国自身の発明になる「大ホンコン主義」の坩堝《るつぼ》で鋳なおされようとしている。

九龍城

ナレーションばかりが大げさなテレビの「決死の潜入取材！」番組がすでに何度となく取りあげているので、この名は日本でもよく知られている。九龍半島の付け根、啓徳機場《エアポート》の裏側に、九龍城《がうろうせん》と呼ばれる場所がある。正確には九龍城地区の一部を占める九龍城砦というべきだが、このさい定義は抜きにしよう。ここは空中カスバである。

およそ建築にかかわる法律をすべて無視して建てられた高層ビル（中には鉄筋が一本も使われていないというウワサもある）は、持ち持ちで互いに支えあい、空中歩廊や地下道で迷路のごとく連絡している。遠くから見ると、それはさながらコンクリートの特大粗大ゴミ。またはたてよこ数百メートルの汚れた氷山。または巨大なスズメバチの巣といってもいい。

ここは、「魔都香港」のイメージをもっとも分りやすいかたちで視覚化した、絶好のモデル地区である。麻薬、売春とそれに伴う人身売買、有名ブランドの贋物などをつくる秘密の工場、さらにひと昔前は国府のスパイが暗躍する陰謀の策源地。とかぞえあげれば、恐ろしそうな話にはことかかない。

事実つい最近までは、周辺の湿っぽい路地裏にはヘロイン、阿片中毒者と一目で分かる老人がゴロゴロしていたし、「行方不明の少女三人、九龍城内で発見さる」などという記事が新聞紙上を飾ることもまれではなかった。現在でも、犯罪者や不法入国者がその身をかくすのにこれほど都合の良い場所は香港じゅうさがしてもない。なぜならここは、香港のなかにありながら香港に属さない、イギリスの支配をまぬがれた一角だからである。

どうしてこういう奇妙な空間が現出したか――。その歴史的由来を少したどってみよう。

一八四一年、アヘン戦争に勝利をおさめたイギリスは香港島をまず獲得。さらに九龍半島の先端部を清から奪いとり、最後には新界の租借地を得る。この理不尽な戦争と砲艦外交《ガンボート・ディプロマシー》から香港の歴史は始まったのだが、九龍城の生い立ちもそこにからんでくる。

香港を手中にした植民地戦争の勝者は、領土の支配にはこだわったが、中国人の居住や往来は放任して、一種の民事不介入策をとった。中国人は中国人で勝手にやれ

――。この方針の下でイギリスは、九龍城の中に清朝の出先行政機関を置くことを許し、中国人社会の管理にあたらせたのである。当時の古い写真資料を見ると、現在の空港ビルの裏手の小山の斜面に、万里の長城のミニチュア版ともいうべき城壁で囲まれた砦が、たしかに存在する。

そして一九一一年。辛亥革命で清は倒れたが、あとをひきついだ国民政府は近代中国史の激動の中を漂いつづけ、南シナ海のほとりにとり残された小さな山城のことなぞを顧みる余裕はなかった。その間、ここは誰も管理するもののない、ほぼ完全な空白地帯となり、後の九龍城の基本的な性格がこの頃から形成されてくる。このわけのわからない空白地帯に頓着しなかったのは、太平洋戦争中の三年半ここを支配した旧日本軍だけである。一九四一年の香港占領直後、彼らは海上に滑走路をつくるためにこの砦の城壁をすっかりとりこわし、海へ投げ込んでしまった。

第二次大戦が終り、激烈な国共内戦の開始とともに、香港は膨大な難民でふくれあがる。そして、人民中国の成立。

九龍城に関する中国側の公の姿勢が初めて示されたのは、一九五〇年代のことである。

九龍城の解体を図るべく動き出したイギリスに対して、周恩来は北京から、城内には中国の主権が及ぶと声明を発した。

もう誰も、ここに手を触れようとしなくなった。こうして五〇年代から六〇年代にかけて、九龍城は黄金時代に突入する。日本軍が取り払った城壁の内側をびっしり埋めて、「空中カスバ」が出現するのもこの時代のことである。

先日、私は『九龍城物語』という全六冊からなる二十年以上も前のノンフィクションを香港の書店で見つけた。表紙も中身もボロボロの古本だが、この頃の様子をいささか過剰なデフォルメをほどこしながら、活写している、めずらしい資料だ。初出は新聞連載とあるから、話の大部分はマユツバにちがいないが、黒社会《ヤクザ》あり、麻薬商人あり、人肉市場あり、はたまた謎の美女ありで、なかなか読ませる。この九龍城の神話時代のオハナシを拾い読みしながら、私が思い出したのは、六〇年代の日活アクション映画である。

港ヨコハマの地下倉庫でスリップ一枚の女の子が数人、後ろ手にしばりあげられている。すると、口笛がどこからともなく聞こえてきて、マイトガイ小林旭が登場し、彼女たちを救出するわけだが、こういう場面《シーン》では、ドラムカンの横でふるえていた少女たちの売り飛ばされる先は、いつもきまって香港だった。「香港」の二文字は地中海の北側に住むヨーロッパ人にとって、アルジェやカサブランカがそうであるように、その時代の日本人たちが作り出した（戦前なら上海だが）ファンタジーとしての「悪の街」だったのである。

では、当の香港自身は、自分用の「悪の街」を持っていなかったのかどうか？　当然、もっていたはずである。ここはさほどひどいところではないのだという、もうひとつのファンタジーを維持するためには、香港人用の「香港」を作り出さなければならない。それがほかならぬ九龍城だったということに気づいて、本を読みながら私は笑った。ただし、われわれの「香港」は、八〇パーセントまで現実に根拠をもたなかったが、その当時の九龍城神話は、おそらく八〇パーセントまで、尾ヒレはついていても実話であったろう。その点は大ちがいだ。

　いまはもうかつてほどのことはないが、それでも、よそ者がひとりで九龍城の中へ入り込むには、多少の情報とかなりの勇気が必要である。その持ちあわせがないひとは、外回りだけの見物にとどめておくのが無難だろう。通りや露地には、香港の下町ならどこにもある露店や屋台。人々のなりはやや粗末だが、それも他の場所とさして変わらない。そんな中で旅行者の目を引くのは、「牙科」と大書した看板を掲げる店々である。カスバに外接する通りに面してずらりと店を張るこの商売は歯医者。免許を持たぬ違法（というか、法の埒の外にある）の歯科医たちなのである。

　香港ではイギリス、またはコモンウェルス諸国の医師資格しか、通常は認められない。したがって本土からきた医師がここで開業しようと思ったら、さしあたりはこの九龍城医師会（？）に所属するほかないのである。

通りのところどころに、城内を網の目のように結ぶ迷路の狭い入口が、黒い口をあけている。すり減った石の階段を下ると、下を小の流れる暗いトンネルのような通路が、右に折れ左に折れしてどこまでもつづく。機械の音とともに裸電球の光がもれているのは、地底の町工場である。ここなら、税金の心配も役所の査察もないので、外部からの投資にはうまみがある。おまけに、このなかには身分証がないため市中で働けない人間がいくらでもいるから、労働力にはこと欠かない。

できるだけ目だたぬ格好でそこを抜けていく私に、つぎつぎと鋭いまなざしが飛んでくる。この細い迷路ですれちがう男や女や老人や子供たちは、その身に、表の香港人たちよりさらに深い不信と警戒心とを漂わせていて、お互いが発する拒否の視線でお互いを確かめあっていた。

城内にくわしい香港人の案内で初めてここに足を踏み入れて以来、私は少なくとも十回以上はこのカスバへやってきている。だが、その内部の全貌は、まだ少しもつかめないままだ。

そして、九龍城自身も、いまや昔日の栄光からは遠く、日に日にその姿を変えつつある。周辺を埋めつくしていたスラム群はあらかたとりこわされ、ブルドーザーはそのあとを荒涼とした空地にならしてしまった。外堀が埋められ、イギリスの管理政策

コンクリート・カスバ　周囲を埋めていたスラムを剝ぎとられ、荒涼とした姿で空に立つ（上）。
昔の九龍城　岩山の斜面に石積みの城壁が長円型にめぐらされている（下）。植民地初期の撮影。

は徐々に功を奏しつつある。

遅かれ早かれ、この近代史の裂け目に生じた砦は、地上から消え失せる運命にある。近い将来、おそらく一九九七年以前に、アジアの一角から、国家の支配を受けない最後の一ヘクタールが消えることになるだろう。深圳に中国が建設している経済特別区は、この滅びゆく九龍城の陰画、逆ユートピアである。

一九九×年×月×日。この悪しきなれあいの時代に抗して、九龍城が絶望的な蜂起を試みる日を私は夢想する。その朝、九龍の場末であがる「自由香港万歳!!」の悲壮な喊声。

これは九龍城にふさわしい、まことに劇的な幕切れであると思うのだが。

南丫島

もともと、あるべくしてそこにあった都会ではない。だからいつの日か、香港が死に絶えることはあるだろうと思う。

潮がひくように数百万の人間がいなくなったとき、いまわれわれが香港と呼んでいるあたりは、ふたたび華南の長い自然の海岸線のなかに溶けこんで、容易に見きわめもつかなくなる。あとには、珠江の東岸のいり組んだ入江と、二百数十の大小の島々と、そして青い海があるばかりだ——。南丫島《なむあとう》に向うフェリーの上で、私はいつもそんなことを夢想した。

香港島中環《セントラル》の離島線碼頭《アイランドフエリー・ピア》を出た島行きのフェリーは、しばらく港内を進んだあと、堅尼地城《ケネディタウン》の鼻をまわって、やがて岬のかげに立ちあがる摩星嶺《マウントデービス》の急な山腹がそのまま海におちこむあたりにさしかかる。風景が一変するのは、そこからである。港と、港にへばりつくように長くのびた香港島の市街はそこで終り、かわって海がはじまる。

右舷に大嶼山《たいゆさん》（島）が、その高い頂と稜線を陽に輝かせて、静かに浮んでいる。大きさでは香港島をはるかにしのいで、香港第一の島であるこの大嶼山を背景に、坪洲《ぺんちやう》（島）、長洲《ちよんちやう》（島）、そのほか名も知らぬ無人の小さな島々。そして南の前方に、南丫島にさえぎられて短く切りとられた水平線がある。

海の上には、あれほど強大な都市の、いかなる痕跡もない。あるのは入江と島々、一八四一年以前とすこしも変らない香港の原風景である。

四百年前に日本をめざしたポルトガルの宣教師が、遠ざかるマカオとともに脳裏にきざんだ海がそこにあり、マカオへ追放になった日本のキリシタンが、望郷の思いでながめた島々が、変らずそこにある。この風景が「ほんとう」であり、どれほどほんとうらしく見えていようとも、都市香港はしょせん虚構にすぎない――。デッキに立つと、そんな思いにかられた。

香港の住民がしばしば島へピクニックにでかけるのは、ただ都会の喧噪をのがれるためではなく、そのことをくりかえし胆に銘じておこうという意志が、どこかで働いているからではなかろうか。香港島といえども、本来はこのあたりに散らばるただの島のひとつにすぎないということを知っておくことは、きっと精神衛生にいいにちがいない。

私が行く南丫島《なむあとう》（または、らむあとう。これが訛って英名Lamma Island）は、香港では三番目に大きく、しかも香港島にいちばん近い島である。香港島のちょうど裏側、水上レストランで知られる香港仔《アバディーン》の沖あいにあって、中環《セントラル》からわずか四十分。香港島を西側からぐるっと半周する、とてもながめのよい航路をたどってフェリーは島へ往復する。

とりわけすばらしいのは、日が落ちてからの復路である。遠くまたたく香港仔の夜景、摩星嶺あたりの山腹で点々と窓にあかりをともす高級アパート群、そして光りかがやくヴィクトリア港。その中心へ、船は静かに帰ってゆく。

海上の闇からのぞむ香港島の夜景は、美しくてかなしい。ふと新聞から顔をあげた仕事帰りの男は、しばらくそのまま遠い眼をし、デッキで騒いでいる若者たちの一団さえ、この夜景の前では次第にことば少なになってゆく。中環から島へ通う航路は数多いが、船からのながめでこの南丫島線にまさるものは、おそらくほかにないと思う。

南丫島の船着場は、深い入江になった索罟湾《そくうわん》の奥にある。島はその名の通り「丫」の字のかたち（字引きによれば字義は、分叉的地方。ふたまたになったところ）をしていて、全島が岩山からなり、平地はほとんどない。山すそと小さな谷あいにわずかな緑がある。そこに畑がひらかれ、人家がちらばっているほかは、入江に面した村がひとつふたつ、山にへだてられてひっそりとあった。

それでも夏場には海水浴客があり、土曜日曜にはピクニックの家族連れやキャンピングの若者たちでにぎわうことがあるが、平日の午後の船着場はいつも閑散としてひと気がない。赤犬がいっぴき、桟橋の先にねそべって、いけすのなかの魚たちを、眼だけで追っている。

そういう光景が、外国銀行と高層ビルのひしめく都会からたった四十分のところに現れる、この落差と非現実感。南丫島がたたえる不思議な気分は、そこからきている。

船着場と直角に海辺を短い通りが走り、通りにそって二階建ての白い石の家が、入江の方へ正面を向けて並んでいる。そのうちの何軒かは海鮮料理の店で、一階を大きく開け放し、タイルの土間に丸テーブルと折りたたみいすをならべていた。店の前の索罟湾では、静かに澄んだ水面をいけすで仕切って小規模な養殖がおこなわれており、それで海鮮料理が名物になっているのだった。

しかし客があるのは休日だけで、ふつうの日は島の男たちが、店で日がな一日麻雀をしている。若い男や娘の姿がないのは、みんな香港島のほうへ通勤しているからで、たまに休日に行ってみると、なじみの店に見知らぬ若い娘がいて、老いた両親を手伝っているのが見られた。

せいぜい百メートル足らずのせまい通りをゆくと、しんと静かな家並みのあちこちから麻雀の音がする。食料品の店でも雑貨屋でも、土間にテーブルをもちだして〈竹戦〉の最中である。牌の音がする家の両どなりは、かならず店番が留守だが、どうせお客がないのだからそれでもかまわないのだろう。

ひとつの地区の人間がこれだけそろって、しかもひる日なかから麻雀を打っているというのは、さすがの香港でもめずらしい光景である。そのうえ、非生産的といえばこれほど非生産的な麻雀もない。賭けた金は、せまい島のなかの同じメンバーのあいだを動いているだけで、長い目でみれば誰ももうかっていないし、誰も損をしないのだ。ある店先で見た麻雀卓は、中央部がまるくすり減ってへこんでいた。

通りのはずれに、海事をつかさどる女神〈天后〉をまつる古びた石造りの廟《みゆう》があり、家並みとすこし離れて奥まったところに海を向いて建っていた。裏手はすぐに山の斜面がせまり、うっそうと熱帯性の樹々をしげらせている。廟の立地には中国古来の〈風水《ふおんそい》〉というやかましいきまりがあって、方位方角から周囲の地勢、山と水との関係などがきちんと条件を満たしていなければならない。それで、廟のあるところはどこでも驚くほど印象が似ていて、天后廟ならば、海に面して日の沈む西の方角を向いている。

天后は香港ではもっともポピュラーな守護神のひとつで、およそ人の住む島ならば天后廟がないというところはない。*1 むろん香港島にも九龍にもあって、油麻地《やうまあてい》の市街のまんなかにある天后廟は、廟につづく廟街《テンプル・ストリート》の夜店で観光客にもよく知られている。いまでこそ海から五百メートルも離れているが、九龍の埋立てがはじまる以前、いまから百年ほど前まではあそこが波うちぎわで、当時は〈風水〉にかなったロケーションであったのだという。

南丫島の入江にひっそりと建つこの廟は、数ある天后廟のなかでも、私が気に入っているもののひとつだった。島の人の話ではずいぶん古いものだというが、入口の左右に貼った祭礼のときの紅い紙は、片方がはげ落ち、もう片方は色あせて、墨のあとを読みとることはできない。

白いしっくいの壁を四角く切り取ったようにぽっかりと口をあけた入口から、内部へ足を踏み入れようとすると、暗闇に強い線香の臭いが鼻をついた。広さは畳でいえば八畳敷きほど、廟としてはよくある標準的なリイズといっていい。

この南丫島に限らず、どこでも廟の中は異様に暗い。目が慣れるにしたがって、小さな灯明に紅く照らしだされた祭壇のようすは見当がつくが、最上段の天蓋の奥にある天后像の顔だちを盗み見るには、たとえひる日なかでも廟のなかは暗すぎる。天后像はふつう子供ぐらいの大きさで、錦をあしらった紅い衣装をまとい、金のかぶりものをいただいていすに座っている。顔はラマ教の神像のようにリアルな造形で、紅味の強い肌色に、しっかりと開けた切れ長の眼が描きこんである。そして、その眼は祭壇の闇のなかから廟の入口を見はるかし、かなたの海へ注がれているのだが、そ

天后　海事を司る女神。そのまなざしは，夕日が沈む南シナ海のかなたへ注がれている。

うした細部をまのあたりにできるのは、一日のうちで一度だけだ。

それは、夕日が傾いてほとんど西の水平線に触れようというときである。そのとき、もっとも低くなった西日の最後の一閃が祭壇にさしこんで、天后の像は海に向って光りかがやく。その一瞬のエクスタシーを用意するために、天后廟の入口はあれほどせまく、内部はあれほど暗い。そのことを知ったのは、あるほかの島の廟で、偶然そのわずかな時間に立ちあったときだった。以来私は、天后廟のなかに入るたびに祭壇に背を向けて立ち、海から一条の光がさしこんで天后像を照し出す一瞬を思い描くようになった。

しかし、残念なことに、ここ南丫島の入江の廟のなかからは、たちはだかる対岸の山にさえぎられて水平線は見えない。したがって、この天后像に至福のときは永遠にやってこないのである。

海に沈む太陽のかわりに、彼女の切長な両眼に映るものはなにか。天后像の下に立つと、うす闇のなかに切りとられた明るいフレームのちょうど正面に、廟の前の干潟にうち捨てられたままになっている大型ジャンクのわん曲した舳先があった。ジャンクは帆柱を失い、朽ちた龍骨を干潟の泥に埋もれさせて、死に絶えている。

天后廟の前に横たわる大きな廃船。この配置は〈風水〉のきまりからすると、いいのか悪いのか。ともかく、これもずいぶん古くから、ここにこうしてあると、島の人はいうのだった。天后像をのぞいて、鯨の死体のようなジャンクの前で立ち止ったあと、私は、いつものようにそこから山へ登る。

島の高みから四方を見はるかす絶好の場所は入江の上のほうにある峠で、そこへ行くには天后廟の先からはじまる細い山道をたどってゆけばよかった。南丫島の峠からながめる南シナ海は、かけ値なしに一個の「体験」である。そのことを知ってからは、私は島へくるたびに、たっぷり三十分はかかるその急な石だらけの斜面を、がまんして登るようになっていた。

やぶのかげから、三八銃を手にした日本軍の敗残兵がこちらをうかがっていそうな（事実、太平洋戦争中は日本軍の守備隊がこの島にいた）、密生した樹々のなかを少し行くと、じきにまわりは低い灌木に変わる。さらに登ってゆくと、灌木は下草だけになり、やがて頭上にとがった山が、日本では決して見られない荒涼とした姿で立ち現れるのだった。

斜面には数百トンもありそうな花崗岩が折り重なって露出している。その無造作に石のかたまりを積み上げた山容は、松の緑におおわれたおだやかな小山を見慣れた者の目には、異様に荒々しいものに映る。そんな風景が峠までずっと続いてゆき、傾斜がなだらかになると、いきなり視界が全方向にひらけて、立っているそこが峠の頂上である。峠は、風の通り道だ。

ひろびろと広がる草原と空のなかほどに、水平線がある。その下にはるか遠くかすむ島影。この南シナ海の色あいを、なんと表現したらいいだろうか。青いというのでもないし、緑でもない。その中間でもなくて、色の要素としては分解できない、なにかもっと単純で簡潔な色をしている。風は海からきて、峠を吹き渡ってゆく。

野球場ほどの広さのなだらかな起伏をもった草原には、よく風化してまるみをおびた白い巨石群が、あるいはテーブルのように、あるいは空に立ちあがる記念碑のように、点々とちらばっている。古代のイギリス人が築いたドルメンに似た石組みがあり、フランスのカルナックで見た不思議な石の列を思わせる自然石の一群があった。ここは先住民族の遺跡か、祭祀のあとで、草原の下には巨大ないん石が埋っている――。この空中の草原の中央に立って、そこから空と海へ放射する見えないちからと、地中に働く強い重力を感じながら、私はいつもそんな思いにとらわれた。風景はほとんどオカルティックで、非中国的である。

海に向ってひらいた草原が尽きるところは、いきなり急角度ではるか下方の海に落ちこんでいた。もし、断崖の上の青い空にどんよりと低い雲がたれこめ、海が鉛色をしてカモメでも飛びかっていれば、ここはドーバー海峡である。また、背の高いヒースが風にゆれていれば、この風景はスコットランドの海辺でもありえた。深夜、青い

原風景　いつか人工の都会が亡びて，ふたたび華南の自然に還る日は，もう来ないのか。

月光を浴びた石舞台に西洋の妖精どもが出現して、影を踏みながら踊る。そんなことがあってもおかしくない、不思議な草原である。ここで私がひとの姿を見たことは、一度しかない。

何度目かに島に渡ってこの草原に登ったときのことだ。天びん棒の両端に重そうな米の袋をつけたひとりの老婆が私のあとから登ってきて、草原の石のうえでひと休みした。私よりずいぶん遅れてきたのですぐには気づかなかったが、彼女は私と同じフェリーで島へ上陸し、これから島の反対側の村へ米を運んでゆくところらしい。老婆は、踏みわけ道のすぐわきの平たい石のうえにしゃがんだ。そこからほんの五メートルのところにある船形の石に、私は腰かけている。背後に荒い息づかいが聞こえた。しかし彼女はすぐとなりの石の上にいる私にはなんの関心も払わず、やがて黒い木綿の中国服をなびかせ、遠い南シナ海を背景にして草原の中央を風のように横切っていった。

＊1　天后はまたの名を媽祖。こちらの名のほうがむしろポピュラーで、媽祖信仰の本場は台湾。毎年大規模な巡礼行事がある。

あとがき

どういうわけで香港に関心をもつようになったのか？　と、よく訊かれることがある。

べつに大した理由などないので、いつもいい返事ができない。しいていえば、ずっと前から戦前の上海に関する本などをいろいろ読んで、胸躍らせていたということはある。もし、上海がいまでも昔のとおりの上海であったりしたら、おそらく、そっちのほうへ行っていたことだろう。

香港で暮してみたいという考えのもとは、一九七四年から七五年にかけて、一年ほどパリでぶらぶらしていたときに出てきた。ヨーロッパの十九世紀が生み出したあのとりすました美しい都会にいると、同じ時代のヨーロッパが、非ヨーロッパ地域に生み出した都市群のことが、むしょうに気になってきた、といえばいいだろうか。その場合、写真のポジとネガの関係でパリと一対になるのは、たとえばカサブランカだが、惜しむらくはそこもすでに植民地ではない。

そこで、上海への思いとカサブランカへの興味を足して二で割るという挙に出た私の前に、鮮やかに浮かび上がってきたのが、ほかでもない香港の二文字だったのである。というのは、あとから思いついた、一種のもったいにすぎない。

実情はちがう。七六年のクリスマスの朝に、あと先のみさかいもなく横浜から船に乗り、香港へ着いて、そのままそこに一年ほど居ついてしまったというのがことのはじまりであり、ことのすべてだ。滞在期間中、生活費の足しにするために、日本の雑誌へ原稿を書き送った。そのときの文章が、この本のひとつの中心になっている。「香港漫歩」のタイトルで月刊誌『面白半分』に連載したエッセイがそれだが、そのなかのエピソードは、あとからほかでもくりかえし使っている。したがって、なかには、あれ？　この話ならどこかで読んだぞ、という読者もあるかもしれない。が、それはそちらが二番せんじ、三番せんじであって、こちらが、出がらしとはいえ価値あるオリジナルなのである。

そのほかに、『PLAYBOY』『旅』『翼の王国』『パスポート』といった雑誌に書いた文章も、この機会にノリとハサミを駆使して編集しなおし、ここに収めた。その結果、すでに原形をとどめないものもあるので、いちいち初出は明示しない。そして、この手の本の常道として、アタマとシッポにいくつか書き下しをつけることにした。いわばキセル乗車だが、気の小さい私にこういう臆面のない商売ができるようになったのも、香港の空気を吸ったおかげである。いま、読み返してみると、センチメンタリズムがやや気になるが、それは多く、いずれ死に絶える街という前提で香港とつきあった、私の態度にかかっていると思う。植民地の将来が、こういうかたちで、これほど早くはっきりするだろうとは、とても想像できなかった。

ここに集めた文章の背後にある、私のしあわせな香港体験をもたらしてくれた、陳や李や黄たち、ジャックやベティーたちに感謝する。それから服部洋子と山口文太郎・百合子にも、やや消極的に。そして、装画をいただいた堀内誠一さん、対話の聞き役をつとめてくれた筑摩書房の藤本由香里さん、なによりも担当編集者の菊地史彦さんに、私の深い感謝を伝えたく思う。

一九八四年十一月　山口文憲

河出文庫版のためのあとがき

この本が単行本として世に出たのは一九八四年、香港にまだユニオンジャックがひるがえる時代だった。また、奇しくもこの年は、リトル・サンダーこと門小雷が誕生した年でもあるという。彼女は、この河出文庫版のために、カバーと口絵にイラストとエッセイ漫画を寄せてくれた香港のアーティスト。いまやインスタグラムのフォロワーは世界に八十万以上、出版や個展でフランスや日本での評判はとりわけ高い。

この注目アーティストの制作テーマの一つが「香港の記憶といまを生きるわたし」だと知ったときは、わが意をえた思いがした。作家が生れる年までの記憶は、及ばずながらこの本に拾い集めてある。その上に、それ以降の記憶を作品としてトッピングしてもらえるのなら、これはもう願ってもない話。長生きはするものだと思った。

いまや「記憶」の二文字は香港を理解するためのキイワードの一つになった。同時にそれは、香港人のアイデンティティーにかかわるかけがえのないものにもなっている。香港はもともと記憶などもたない都市だった。あるのはいつも「いま」だけ。ハン・スーインのいう「借りものの時間」（P28）はそのまま中国返還後にももちこされて、五十年先の二〇四七年までは、「一国両制」のトリックに面従腹背しながら、香港は「いま」を生き続けるつもりでいた。

ところが、ご承知の通り、その後舞台は暗転。「いま」の存続さえ危うくなったとき、香港人は初めて記憶の持つ力に気づく。古い香港の絵はがきや写真がつぎつぎネットにアップされ、人々は記憶を武器に抵抗し、記憶のなかにたてこもった。それが二〇一四年の「雨傘運動」だったといっても、それほどまとはずれではないだろう。

香港人が共通に分けもつ記憶の根底にあるものはなにかといえば、それは香港の言語文化にほかならない。使い慣れた広東語と英語。天安門のほうから吹いてくる風をシャットアウトするこの二つの障壁を、今後も維持し強化していくこと。門小雷が漫画のフキダシの原文を英・広の両語で記しているのもゆえのないことではない。

以下、蛇足を承知で門小雷作品の私なりの解説をしておこう。まず最初の「香港時計塔」。その来歴については本文（P38）をご一読いただくとして、笑顔のイラストからは楽しかった日々の記憶がまっすぐに伝わってくる。またそれだけに「返還後は楽しい場所ではなくなってしまった」というモノローグがいっそう悲しい。

そして、香港に心を寄せる人間なら涙なくしては読めないのが、つづく「郷愁 HOME, SICK」と題した見開き二ページのエッセイ漫画だろう。テーマは「移民」、英語でいえばイミグレーション。今日の香港人にしてみれば、このことばは、悪名高い国安法（香港国家安全維持法）の暗黒の海に浮ぶ一隻の白い救命ボートにもたとえられるだろうか。

もちろん、返還以前の英国時代にも、先行きに見切りをつけてさっさと移民する香港人は少なからずいた。だが、「将来に希望が持てないから」する移民と、「新しい支配者への不信と恐怖をぬぐえないから」する移民とでは動機が微妙に異なる。後者の移民を誘発する最初のできごととなったのは、返還に先立つこと八年、一九八九年に北京で起きた天安門事件だった。

このときに香港が負ったトラウマは決して小さくない。不信感は根強く残って、中国返還前後の香港に大きな移民熱を巻き起こし、その後の反中国意識の高まりともあいまって、えんえん今日にまで及んでいる。だが同じ移民とはいっても、昨今の追いつめられた「絶望移民」や、せっぱつまった「脱出移民」とくらべれば、あの頃のそれは、まだしも平和で牧歌的だった。そう作者はいいたいのかもしれない。

この漫画がいう「あのころ」とは、おそらく、返還前後の一時期か。主人公の少女を作者の分身とみるなら、当時はちょうど中学生になったくらい。世間の風は少女のクラスにも容赦なく吹き込んできて、家族とともに香港を後にする子がつぎつぎと出てくる。担任の教師も同じ理由で学校を辞めていく。移民先の多くはイギリスか、あるいは英連邦のつながりでオーストラリア、カナダだった。

難民と違って自発的な移民は庇護の対象にはならない。移民エージェントに支払う多額の手数料も必要なら、相手国に持参する保証金がわりの預金もいる。なにより英語ができて特別な資格かスキルがなくては、向うで職につけない。大卒ホワイトカラー以上ならともかく、下町の雑居ビルの一室に間借りする庶民の一家には縁のない話だった。そうは知っていても、少女はマギーやフローラたちがちょっとだけ羨ましい。

漫画の二コマ目、縦位置の大ゴマを見ていただきたい。作者が思いを込めてかき込んだミニアチュールには、本書がかつて着目したままの「香港世界」がある。

床はコンクリートにタイル張り。画面右側の見えない一角に鉄格子のついた入り口ドアと小キッチンとトイレがある。トイレはしばしばシャワーブースを兼ねていて、便器の真上にシャワーヘッドがあったりする。鉄製の二段ベッドの上段は、雑物を収納する押し入れがわり。おそらくその下段に兄が寝て、少女と父親は画面には見えない別の二段ベッドで寝るのだろう。

時計の針は七時五十分ころを指している。一家のやや遅い夕食の時間らしい。食事のときは、ご覧のように二段ベッドの下段が兄と少女の指定席で、白いスツールにはお父さん。狭さにあわせて香港の家具はなんでも折り畳み式だが、三人が囲む食卓（麻雀卓兼用）も定番の一つ。ちなみに本日の夕食は、おそらく近所の茶餐店（カフエ・レストラン）の外賣《ごいまい》（テイクアウェイ）か（P.66＊2）。三人が広げる発泡スチロールの容器を飯盒《ふあんはつぷ》といい、白飯の上に肉中心の一品がたっぷりのっている。ささやかな食後のデザートか、食卓の隅に新奇士《サンキスト》（オレンジ）が三個見えているのが胸を突く。

そして「そんなカネ、ねえよ」と父親が自嘲する最後のコマ。干したタオルにご注目いただきたい。両側の縁に青いラインとくれば、そこに染め抜かれている赤い文字は「祝君早安good morning」と決まっている。香港では誰もが知っている薄っぺらな安物タオルで、これが一家の暮らし向きを雄弁に物語っている。

「神は細部に宿りたもう」というが、香港の記憶もこうした細部にこそ価値がある。

それを絵にして見せてくれた門小雷にあらためてお礼をいいたい。そして、この旧著が再び世に出る機会を与えてくれた河出書房新社の渡辺真実子さんにも。

二〇二一年六月二十四日　香港「蘋果日報《りんご》」廃刊の日に　山口文憲

＊本書は一九八四年に筑摩書房より単行本で、一九八六年一二月にちくま文庫で刊行されたものです。
本文の注は、今回の文庫化にあたり、新たに付記しました。
＊口絵イラスト、漫画、コメントはリトル・サンダー氏による本文庫のための書下ろしです

香港《ほんこん》世界《せかい》

二〇二一年 八月一〇日 初版印刷
二〇二一年 八月二〇日 初版発行

著 者 山口文憲《やまぐちふみのり》
発行者 小野寺優
発行所 株式会社河出書房新社
〒一五一-〇〇五一
東京都渋谷区千駄ヶ谷二-三二-二
電話〇三-三四〇四-八六一一（編集）
〇三-三四〇四-一二〇一（営業）
https://www.kawade.co.jp/

ロゴ・表紙デザイン 粟津潔
本文フォーマット 佐々木暁
印刷・製本 中央精版印刷株式会社

Printed in Japan ISBN978-4-309-41836-0

魚の水(ニョクマム)はおいしい

開高健　41772-1

「大食の美食趣味」を自称する著者が出会ったヴェトナム、パリ、中国、日本等。世界を歩き貪欲に食べて飲み、その舌とペンで精緻にデッサンして本質をあぶり出す、食と酒エッセイ傑作選。

パリっ子の食卓

佐藤真　41699-1

読んで楽しい、作って簡単、おいしい！　ポトフ、クスクス、ニース風サラダ…フランス人のいつもの料理90皿のレシピを、洒落たエッセイとイラストで紹介。どんな星付きレストランより心と食卓が豊かに！

マスタードをお取りねがえますか。

西川治　41276-4

食卓の上に何度、涙したかで男の味覚は決まるのだ——退屈な人生を輝かせる手づくりのマスタードや、油ギトギトのフィッシュ・アンド・チップス。豪快かつ優美に官能的に「食の情景」を綴った名エッセイ。

わたしの週末なごみ旅

岸本葉子　41168-2

著者の愛する古びたものをめぐりながら、旅や家族の記憶に分け入ったエッセイと写真の『ちょっと古びたものが好き』、柴又など、都内の楽しい週末“ゆる旅”エッセイ集、『週末ゆる散歩』の二冊を収録！

天下一品　食いしん坊の記録

小島政二郎　41165-1

大作家で、大いなる健啖家であった稀代の食いしん坊による、うまいものを求めて徹底吟味する紀行・味道エッセイ集。西東の有名無名の店と料理満載。

終着駅

宮脇俊三　41122-4

デビュー作『時刻表２万キロ』と『最長片道切符の旅』の間に執筆されていた幻の連載「終着駅」。発掘された当連載を含む、ローカル線への愛情が滲み出る、宮脇俊三最後の随筆集。

パリジェンヌのパリ20区散歩

ドラ・トーザン　46386-5

生粋パリジェンヌである著者がパリを20区ごとに案内。それぞれの区の個性や魅力を紹介。読むだけでパリジェンヌの大好きなflânerie（フラヌリ・ぶらぶら歩き）気分が味わえる！

早起きのブレックファースト

堀井和子　41234-4

一日をすっきりとはじめるための朝食、そのテーブルをひき立てる銀のポットやガラスの器、旅先での骨董ハンティング…大好きなものたちが日常を豊かな時間に変える極上のイラスト＆フォトエッセイ。

アァルトの椅子と小さな家

堀井和子　41241-2

コルビュジェの家を訪ねてスイスへ。暮らしに溶け込むデザインを探して北欧へ。家庭的な味と雰囲気を求めてフランス田舎町へ――イラスト、写真も手がける人気の著者の、旅のスタイルが満載！

大人の東京散歩　「昭和」を探して

鈴木伸子　40986-3

東京のプロがこっそり教える情報がいっぱい詰まった、大人のためのお散歩ガイド。変貌著しい東京に見え隠れする昭和のにおいを探して、今日はどこへ行こう？　昭和の懐かし写真も満載。

中央線をゆく、大人の町歩き

鈴木伸子　41528-4

あらゆる文化が入り交じるＪＲ中央線を各駅停車。東京駅から高尾駅まで全駅、街に隠れた歴史や鉄道名所、不思議な地形などをめぐりながら、大人ならではのぶらぶら散歩を楽しむ、町歩き案内。

うつくしい列島

池澤夏樹　41644-1

富士、三陸海岸、琵琶湖、瀬戸内海、小笠原、水俣、屋久島、南鳥島……北から南まで、池澤夏樹が風光明媚な列島の名所を歩きながら思索した「日本」のかたちとは。名科学エッセイ三十六篇を収録。

HOSONO百景

細野晴臣　中矢俊一郎〔編〕　41564-2

沖縄、ＬＡ、ロンドン、パリ、東京、フクシマ。世界各地の人や音、訪れたことなきあこがれの楽園。記憶の糸が道しるべ、ちょっと変わった世界旅行記。新規語りおろしも入ってついに文庫化！

味を追う旅

吉村昭　41258-0

グルメに淫せず、うんちくを語らず、ただ純粋にうまいものを味わう旅。東京下町のなにげない味と、取材旅行で立ち寄った各地のとっておきのおかず。そして酒、つまみ。単行本未収録の文庫化。

人生はこよなく美しく

石井好子　41440-9

人生で出会った様々な人に訊く、料理のこと、お洒落のこと、生き方について。いくつになっても学び、それを自身に生かす。真に美しくあるためのエッセンス。

東京の空の下オムレツのにおいは流れる

石井好子　41099-9

ベストセラーとなった『巴里の空の下オムレツのにおいは流れる』の姉妹篇。大切な家族や友人との食卓、旅などについて、ユーモラスに、洒落っ気たっぷりに描く。

巴里の空の下オムレツのにおいは流れる

石井好子　41093-7

下宿先のマダムが作ったバタたっぷりのオムレツ、レビュの仕事仲間と夜食に食べた熱々のグラティネ――一九五〇年代のパリ暮らしと思い出深い料理の数々を軽やかに歌うように綴った、料理エッセイの元祖。

いつも異国の空の下

石井好子　41132-3

パリを拠点にヨーロッパ各地、米国、革命前の狂騒のキューバまで――戦後の占領下に日本を飛び出し、契約書一枚で「世界を三周」、歌い歩いた八年間の移動と闘いの日々の記録。

著訳者名の後の数字はISBNコードです。頭に「978-4-309」を付け、お近くの書店にてご注文下さい。